Study on the Intensive use of Land for Urban and Rural Construction

河北省社会科学基金项目

石家庄经济学院学术著作出版基金　资助

城乡建设用地集约利用研究

——以河北省为例

郭爱请　著

HEBEI

经济科学出版社
Economic Science Press

图书在版编目（CIP）数据

城乡建设用地集约利用研究：以河北省为例／郭爱请著．
—北京：经济科学出版社，2014.4

ISBN 978 - 7 - 5141 - 4420 - 8

Ⅰ.①城…　Ⅱ.①郭…　Ⅲ.①城乡建设 - 土地利用 -
土地规划 - 研究 - 河北省　Ⅳ.①F299.272.2

中国版本图书馆 CIP 数据核字（2014）第 045519 号

责任编辑：周国强
责任校对：王苗苗
责任印制：邱　天

城乡建设用地集约利用研究
——以河北省为例

郭爱请　著

经济科学出版社出版、发行　新华书店经销
社址：北京市海淀区阜成路甲 28 号　邮编：100142
编辑部电话：010 - 88191350　发行部电话：010 - 88191522
网址：www.esp.com.cn
电子邮件：esp@esp.com.cn
天猫网店：经济科学出版社旗舰店
网址：http://jjkxcbs.tmall.com
北京密兴印刷有限公司印装
710×1000　16 开　12.25 印张　250000 字
2014 年 4 月第 1 版　2014 年 4 月第 1 次印刷
ISBN 978 - 7 - 5141 - 4420 - 8　定价：46.00 元

前　言

　　作为与人类生存与发展相关的重大问题，土地问题已经成为我国乃至世界关注的核心问题。人多地少的国情加上土地市场矛盾丛生，使我国政府极其重视土地问题，强调把土地利用同经济发展、环境保护和人口增长相结合，实现经济社会与资源环境承载力的协调发展，并强调从人多地少的国情出发，将土地的可持续利用列入我国可持续发展战略的重要内容之一。当前我国正处于工业化、城镇化快速发展阶段，基于我国人多地少的基本国情，必须严格控制城乡建设用地规模，统筹城乡发展，为农业发展、生态建设留下足够的空间。为了保障经济社会发展用地需求，确保在城乡建设用地不增加或少增加的前提下，优化城乡建设用地布局，改变当前建设用地低效利用状况，促进节约集约用地，成为我国解决建设用地供需不平衡的一条重要途径。

　　本书依托笔者主持的两项河北省社会科学基金项目"河北省城市化与城市土地集约利用研究（200502047）"和"新农村建设中农村居民点集约用地标准及模式创新研究（HB11YJ072）"，以建设用地集约利用为主线，对河北省城市用地、开发区用地、农村居民点用地从宏观、微观等角度进行集约利用分析、评价、标准测算及模式研究，并对当前河北省城乡建设用地增减挂钩情况进行了分析和总结。本书对河北省建设用地集约利用情况进行了系统性的研究，对建设用地集约利用评价方法、标准测算及用地模式进行了尝试性的探讨，研究结果对于宏观调控河北省建设用地发展方向，优化土地利用结构，保护耕地，促进城乡统筹发展具有重要意义，可为省政府制定相关政策提供相关参考依据。

本书共分为七章，第一章，绪论，主要介绍研究背景和研究意义、国内外研究现状理论基础及本书创新点（郭爱请）；第二章，河北省建设用地集约利用形势分析，在分析河北省建设用地现状的基础上，进行了供需平衡分析，指出建设用地集约利用的严峻形势（郭爱请）；第三章，河北省城市土地集约利用理论与方法，主要从宏观角度，对城市土地集约利用评价进行理论与方法上的探讨（郭爱请），并进行了城区建设用地潜力测算（韩素卿）；第四章，对开发区土地集约利用情况进行了整体评价（郭爱请）；第五章，农村居民点用地集约利用研究（郭爱请，韩素卿），主要从微观角度，在调研农户意愿的基础上，测算和设计农村居民点集约用地标准与模式；第六章，分析了当前河北省城乡建设用地增减挂钩情况（郭爱请）；第七章，从创新制度设计、提高土地集约利用技术等方面提出提高河北省建设用地集约利用水平的对策和建议（郭爱请）。全书由石家庄经济学院郭爱请统稿定稿。

在课题研究过程中，作者参阅了大量国内外研究成果，得到了河北省哲学社会科学规划办公室、河北省国土资源厅、河北省国土资源利用规划院、河北省国土咨询研究中心、河北省建设厅、石家庄经济学院等单位有关领导和专家的热情指导和大力支持，本书的出版获得了石家庄经济学院学术著作出版基金资助，在此一并表示衷心感谢！由于作者水平有限，书中疏漏与谬误之处难免，恳请同行专家批评指正。

作　者

2013 年 11 月

目 录

第一章

绪　　论

第一节　研究背景与意义

一、研究背景

土地是发展的第一资源，随着我国工业化、城镇化的快速发展，土地资源短缺的矛盾日益凸显，国土资源部门面临着保护耕地和保障发展的双重压力。基于我国人多地少的基本国情，只有节约和集约用地，才能解决我国土地利用中的突出矛盾，才能在保障社会经济发展的同时，确保国家基本的粮食安全和生态安全。基于此，节约集约利用土地已成为发展循环经济和建设节约型社会的必然要求，必须严格控制城乡建设用地规模，统筹城乡发展，为农业发展和生态建设留下足够的空间，确保在城乡建设用地不增加或少增加的前提下，优化城乡建设用地布局，改变建设用地低效利用状况，促进节约集约用地，破解经济发展中的土地难题。

针对经济发展与耕地保护的严峻形势，中央领导曾多次强调，要按照建设节约型社会和发展循环经济的要求，积极探索建立国土资源管理的新机制，全面落实土地管理的各项措施，节约和集约利用土地，切实保护耕地特别是基本农田，相继出台了《国务院深化改革严格土地管理的决定》（国发〔2004〕28号）、《关于做好建设节约型社会近期重点工作的通知》（国发〔2005〕21号）等一系列文件，要求严格耕地保护，推进集约节约用地。

2004年11月，国土资源部出台了《关于加强农村宅基地管理的意见》，明确提出了要合理确定农村居民点的数量、布局范围和用地规模。

2005 年 6 月 7 日，国务院办公厅转发《〈国土资源部关于做好土地利用总体规划修编前期工作的意见〉的通知》，提出了城镇建设用地增加与农村建设用地减少相挂钩的要求。

2007 年国务院推出从严从紧控制建设用地总量、用"倒逼机制"加快市场存量土地消化、提高土地获得成本等一系列的土地调控手段。

2008 年 1 月，国务院下发《关于促进节约集约用地的通知》（国发〔2008〕3 号），更是提出要进一步强化农村土地管理，高度重视农村集体建设用地的规划管理，鼓励提高农村建设用地的利用效率，稳步推进农村集体建设用地节约集约利用。同年，国土资源部又提出了《集体建设用地流转条例》、《土地规划法》、《土地登记条例》等一系列土地法规立法工作同程，强调要严格限定划拨用地范围，加强建设用地税收政策，同时为了更好地执行土地集约利用政策，将耕地保护的"红线"变为了"高压线"。

2009 年国土资源部《关于促进农业稳定发展、农民持续增收、推动城乡统筹发展的若干意见》（国土资发〔2009〕127 号）提出，在全国范围内启动"万村整治"示范工程建设，示范工程以村为单位，按照"农民自愿、权属清晰、改善民生、因地制宜、循序渐进"的总要求，开展土地整治活动，实行"全域规划、全域设计、全域整治"，促进城乡统筹发展。

2010 年中央一号文件再次将解决"三农"问题和建设社会主义新农村作为党中央工作的重中之重。河北省国土资源"十二五"规划中指出："以新民居建设为重点，实施城乡建设用地增减挂钩，推进新农村建设，实施 1 万个行政村新民居建设改造工程，增加建设用地流量，促进城乡用地统筹"。

2011 年 3 月，十一届全国人大四次会议批准的《国民经济和社会发展第十二个五年规划纲要》提出加快转变经济发展方式的基本要求，其重要着力点——建设资源节约型、环境友好型社会。其中举措为：节约集约利用土地，坚持最严格地耕地保护制度，划定永久基本农田，建立保护补偿机制，从严控制各类建设用地占用耕地，落实耕地占补平衡，实行先补后占，确保耕地保有量不减少。

国土资发〔2012〕47 号文件指出，实施节约集约用地制度是提升土地资源对经济社会发展的承载能力和利用效益，破解"两难"问题，促进城乡建设用地合理布局和节约集约利用土地，保障和促进经济社会可持续发展的重要途径。推进节约集约用地制度建设的总体要求是：将科学发展与快速发展方式作为主线，确保经济社会可持续发展为目标，以提高土地资源利用效率和土地投入产出水平为着力点，科学约束建设用地规模，优化土地利用布局和结构，开发符合国情的建设用地面积，创新节约集约用地模式，加大对各地土地节约利用考核，以达到各项建设少占地或不占耕地的目标，实现较少的土地资源消耗来支撑更高速度的经济增长。为此，制定集约利用土地建设的基本原则：要不断统筹城乡用地，使用地布局和用地结构合理化；不断加强建设用地总量的控制与用途的约束，转变经济发展和土地用途方式；土地资源配置市场化，使土地承载能力和利用效率得到提高；加强土地使用标准的控制，使用地得到严格约束；同时要严格落实考核评价土地集约节约利用制度。

综上所述，城乡建设用地节约集约利用成为我国经济社会持续发展的必然要求和必经之路。

二、研究意义

（一）缓解耕地保护和建设用地需求的双重压力

随着工业化、城镇化步伐的不断加快，粗放用地造成的土地供需矛盾日益突出，已成为影响经济社会又好又快发展不可忽视的现实问题。与此同时，农村居民点外延、迅速扩张，农村居民点土地利用体系松散，给本就严重缺乏的耕地资源带来了沉重的压力，制约了农村经济和农业现代化的发展。通过开展城乡建设用地节约集约利用工作，通过土地整治将部分农村居民点复垦为耕地，减少农村闲置低效利用的土地，增加有效耕地面积，保障粮食安全，同时挖潜城市低效利用土地，通过城乡建设用地增减挂钩控制建设用地总规模。因此，积极开展城乡建设用地集约利用，不仅有利于提高土地利用率，也有利于缓解耕地保护和建设用地需求的双重压力。

（二）有利于实现经济增长方式的根本转变

对于资源相对短缺的我国而言，实现经济增长方式的转变对经济发展和城市建设具有历史性意义。经济增长方式的根本转变就是改变高消耗、质量差、低效益的粗放型生产发展方式，向集约化增长方式转变。土地是一切经济活动的载体，社会经济各项活动都必须在特定的空间里进行，实行土地节约集约利用，是实现社会经济可持续发展的前提条件之一，有利于从根本上实现经济增长方式的转变，从而实现建设节约集约型社会的目标。

（三）统筹城乡土地资源管理制度改革的必然要求

开展城乡建设用地集约利用工作，可以帮助相关国土部门了解当前土地利用中存在的问题，分析影响集约利用的主要因素，对于耕地资源的保护以及提高建设用地集约利用水平，并进一步因地制宜地制定土地利用的方针政策，合理规划新增建设用地与存量建设用地指标，科学引导土地利用方向，统筹城乡土地资源优化配置，杜绝盲目占地、滥用耕地和过分超前的土地规划，加大对基本农田保护和土地开发的支持力度，探索土地利用新机制，促进形成集约用地的政策体系，推动统筹城乡土地管理制度改革，确保区域土地资源合理利用，实现土地高效利用。

本书以建设用地集约利用为主线，对河北省城市用地、开发区用地、农村居民点用地从宏观、微观等角度进行集约利用分析、评价、标准测算及模式研究，并对当前河北省城乡建设用地增减挂钩情况进行分析和总结。研究结果对于宏观调控河北省建设用地发展方向，优化土地利用结构，保护耕地，促进城乡统筹发展具有重要意义，可为省政府制定相关政策提供相关参考依据。

第二节　国内外相关研究现状

一、土地集约利用相关研究

土地集约利用的概念最早来源于对农业利用的研究，由古典经济学家杜尔格（Turgot，1727～1781）、安特生（Anderson，1739～1801）、魏斯特（West，1782～1828）和李嘉图（Ricardo，1772～1823）等在研究农业地租问题中提出，所谓土地集约利用，是指在一定面积的土地上，集中地投入较多的生产资料和活劳动，使用先进的技术和管理方法，以求在较小面积的土地上获得高额产量和收入的一种经营方式。按照生产要素投入的构成不同，土地集约利用分为资金密集型、劳动密集型和技术密集型。由于土地利用报酬递减规律的作用，土地利用集约度的提高是有限度的，理论上，当对土地连续投入资本和劳动力达到经济上的报酬递减点，即边际收益等于边际产出时，经营者将不会追加投入，这一临界点就是土地利用的集约边界，达到了集约边界的土地利用称为理论上的集约利用；反之，未达到集约边界的土地利用称为理论上的粗放利用。他们发现并证明了农地集约耕作中的报酬递减规律，并认为集约利用是级差地租产生的原因。此后，马克思在批判继承古典经济学地租理论基础上，定义集约利用为："在经济学上，所谓耕作集约化，无非是指资本集中在同一土地上，而不是分散在若干毗连的土地上。"

　　土地节约集约利用是保护土地资源、实现土地资源可持续利用的重要措施，世界各国都非常重视。19 世纪德国经济学家杜能（J. H. V. Thnon，1783 ~ 1850）的《农业区位论》最早用同心圆布局原理，将区位与土地利用合理集约度研究结合在一起。20 世纪初韦伯（A. Weber，1868 ~ 1958）工业区位论、20 世纪 30 年代克里斯塔勒（W. Ohristaller，1893 ~ 1969）城市区位论（中心地理论）以及廖什市场区位论等为代表的区位理论研究，使国家对土地集约利用管理有了一定方向。以霍华德的"田园城市"理论、《雅典宪章》、《马丘比丘宪章》为代表的现代城市规划理论，主张城市土地不能过度开发利用，对城市土地利用作了全新和较为完善的诠释，反映出城市土地集约利用在生产、生活方面的具体内涵。20 世纪初美国著名的土地经济学家理查德·T. 伊利指出"地价昂贵的第一个后果是，使人们不得不高度集约利用土地"。许多美国的学者倾向于从边际报酬递减规律的角度分析土地集约利用，认为粗放边界以上的每一块土地都存在一定程度的集约利用，当在更高等级的土地上投入更多的人力和设备可以得到和在低等级土地上进行粗放耕作一样多的产出时，集约利用就出现了。还有学者提出，土地集约利用是对其经济价值的揭示而非其产量（Conrad H. Hammar，1938）。另外地租理论、土地报酬递减理论、边际收益递减理论、空间均衡理论、区划理论等都成为加强土地集约利用的依据。

　　与国外相比，我国土地集约利用研究起步较晚，随着工业化、城市化的快速发展，耕地资源短缺和土地粗放低效利用并存现象十分突出。因此，提高土地使用效率、集约利用城市土地引起学术界和政府的广泛关注。学者们借鉴国外土地利用领域相关研究成果，并从我国国情出发，提出了很多新的见解。

国内土地集约利用的研究主要针对工业用地和建设用地，如北京大学的陈祁辉在他的文章《小城市土地集约利用评价研究》中谈到，节约用地一直是我国城市建设和土地利用所坚持的基本方针。国家发改委国土开发与地区经济研究所肖金成等在《土地集约利用与建设节约型社会》中提出：要多管齐下集约利用土地：如改革土地管理制度，建立以促进集约利用土地为核心的行政管理体制等。陈书荣、曾华等人撰文指出，对于中国城市化进程中的遇到了一系列土地问题，要从宏观上、中观上、微观上三个层面集约利用城镇土地。近年来，才开始陆续出现有关农村居民点集约利用的研究（见下述农村居民点集约利用研究）。

二、城市土地集约利用相关研究

当今世界，城市化地区盲目扩张及其后果已引起了全球的关注。控制城市用地蔓延，探讨城市土地利用模式与经济发展的关系问题，一直是世界各国政府所关注的问题。西方国家在城市化前期，受郊区廉价土地的诱惑，城市盲目向外蔓延，这种日益扩大的"城市蔓延"现象，不仅占用了大量宝贵的耕地和林地资源，抢走了中心城的工作岗位及政府税收，而且也导致了城市用地规模的不合理扩张和土地资源的粗放化经营，引发了诸如"钟摆式交通"、"中心区衰败"、"空间失落"、"环境恶化"、"社区瓦解"等一系列城市问题。

第二次世界大战后，西方国家的许多城市在早期现代建筑与现代城市规划理论的指导下，以强调功能分区、用途纯化和追求统一的视觉空间秩序为目标，对城市进行了大规模的"城市更新"运动，其结果不仅没有改变城市土地利用的粗放化，反而造成了建筑风格上的"千城一面"。

直到 20 世纪 50 年代，一些国家如英、法、美、德、日才开始制定较为系统的土地管理法规，试图限制城市用地规模的无限扩张和提高城市土地利用率，但收效甚微。70 年代的美国，为了集约使用土地，一些州掀起所谓的"城市增长管理运动"，要求建立城市增长边界，鼓励边界内提高土地开发强度，以控制城市用地规模的不合理增长和减少城市用地的扩张对农地的占用。1988 年在东京召开的城市规划国际研讨会上，一些学者提出"高强度混合开发"的观念，以提高城市土地利用率，减少交通能耗及各项基础设施的投资费用和运营成本，减少城市化进程对城市区与自然生态系统的破坏范围。会后，"高强度混合开发"的土地利用模式在日本的东京、欧洲及我国的一些城市开始实施，其在挖掘城市用地潜力，促进土地集约化利用方面效果较为显著；同时，这种利用模式也导致了城区内部绿色开场空间被挤占及生态环境质量的下降。

20 世纪 90 年代以来出现了一些新的城市规划理念和城市土地利用思想。1991 年美国城市规划协会（APA）提出新一代的规划法规研究，1999 年研究完成"精明地增长的城市规划立法指南"。2000 年，APA 又出版了该指南的使用手册。到 2002 年年底，美国已经有 14 个州全部或部分采用了"精明地增长的城市规划立法指南"的建议，越来越多的人开始认识到土地问题的重要性。随后整个西方规划学界开始了对传统城市土地利用模式的反思。美国规划学界提出的"精明增长"、"紧凑式发展"、"内填式发展"等城市土地利用思想，最终目的是遏制城市的无序蔓延，提高土地使用效率，实现土地资源的合理利用和保护。城市发展理性增长不是限制城市增长，而是实行城市土地资源充分利用的增长。这种城市理性增长的理念实质上就是我国的土地集约利用思想。

在加强地下空间利用，实现土地立体开发方面，日本东京、加拿大蒙特利尔等城市是世界地下空间利用较为成功的国家。城市土地立体利用给人口密度高的中国城市带来城市土地开发利用的新思路。

英国从 20 世纪 50 年代开始建立城市绿带（green belt），目的是控制城市过度外扩，减少乡村土地占用和保护环境。同时，在进行开发建设时，英国政府特别强调利用存量土地：一是对老城区内部进行更新改造；二是充分利用工业废弃地，将废弃地的开发利用与实现资源的可持续利用及经济的可持续发展有机结合起来。

韩国在 20 世纪 60 ~ 90 年代短短 30 多年中，其城市化水平由 15% 扩展到 85% 以上，城市经济得到空前发展，然而其代价是 15% 左右的耕地消失在大片的城市住宅和高速公路网中。因此，韩国政府于 1990 年正式颁布了《农地法》，系统地规范了农地的征用、转让和保护等一系列活动。其中特别对经济建设占用耕地实施了严格控制。土地管理正式从原来以开发、建设为主转到了以保护和严格控制为主的管理目标上。此外，韩国于 1962 年和 1963 年相继颁布了《城市规划法》和《土地规划法》，确定了规划的法律地位和权威性，改变了以往土地规划屈从于城市规划的局面，对城市布局和土地利用结构产生了深远影响。

丹麦、瑞典两国尽管人均土地资源较为丰富，但土地集约利用水平很高。完善、配套的土地产权管理制度、税收制度及严格的建设用地审批程序是其集约利用土地的基础与保障。

与国外相比，我国土地集约利用研究起步较晚，随着工业化、城市化的快速发展，耕地资源短缺和土地粗放低效利用并存现象十分突出，提高土地利用效率、集约利用城市土地引起学术界和政府的广泛关注。

1999 年"国土资源大调查"项目设立了"城市土地价格调查和土地集约利用潜力评价"子课题，先后选择了福州、包头、长春、南京、义乌、天津、济南 7 个试点城市开展城市土地集约利用潜力评价工作。在此过程中，北京大学与中国土地勘测规划院共同承担了"城市土地集约利用潜力评价方法及指标体系设计"的研究工作。

2000 年编制出台了《城市土地集约利用潜力评价实施方案》，此后开展了上述 7 个试点城市的土地集约利用潜力调查与评价工作，建立了土地集约利用潜力评价信息系统，完成了《城市土地集约利用潜力评价方法和指标体系设计》，并通过阶段性成果评审。通过试点城市土地集约利用潜力调查实践和实证研究，总结设计了一套科学性强、具有可操作性的评价指标体系和有效的评价方法。

2003 年国土资源部在关于印发《国土资源"十五"计划纲要的通知》中提出了全面开展城镇土地集约利用潜力调查与评价的任务，2007 年发布了《城市土地集约利用潜力评价规程（讨论稿）》，2009 年国土资源部下发了《国土资源部办公厅关于开展 2009 年度城镇土地利用现状与潜力调查试点的通知》（国土资电发〔2009〕52 号文件），此后逐步开展城镇土地利用现状调查与潜力评价工作。

在国内外的城市土地利用过程中，一直都在关注和解决城市土地利用过程中的粗放与集约的矛盾，并在城市土地利用的具体配置过程中不断总结经验和教训，适时调整城市土地利用的强度，寻求最佳的土地利用方式。

三、开发区土地集约利用研究

开发区的发展已经具有 500 多年历史了。从 1547 年意大利西北部热那亚湾建立里窝那（Leghoyh）自由港算起，开发区经历了第二次世界大战前的缓慢发展时期、战后恢复发展时期、20 世纪 70 ~ 80 年代的全面发展时期，及至 90 年代以后科学工业园区大发展和跨国经济增长区逐步形成。在地域上，已经从最初的发源地西欧扩展到全球五大洲，从发达国家扩展到发展中国家。

近年来，为了促进土地的有效利用，提高土地利用程度和利用效益，世界上一些国家和地区关于土地集约利用及其潜力评价进行了积极而有益的探索与实践。其手段概括起来主要有分区管制、税收调节和规划控制三种。尽管这些并非是专门针对开发区的方法和手段，但由于其所具有的法律效力，成为大多数发达国家通用的土地集约利用管理形式，开发区同样有效。

分区管制是西方发达国家普遍实行的方法，具有法律效力，是西方最著名的土地利用管理形式。根据需要，分区管制可以将土地集约的规划意图落实在空间上。分区管制制度创始于 1692 年，盛行于 20 世纪 30 年代美、英等国家城市化急速扩张阶段，一般通过分区条例来实施。其中分区条例由社区规划师和规划咨询部门来制定，当社区立法机关通过一定的程序采纳分区条例后，便获得了法律效力。分区条例一般包括两个部分：第一部分是规划图则，把该社区划分成若干个区域，每一区域内的每一地段位置十分清楚，并标明不同的使用功能；第二部分是文本，具体而详细地规定每一分区中的建设项目及用途，详细到具体建筑的最大高度、退后红线以及底层面积等。

美国是典型的通过分区进行土地用途管制的国家，通过确定土地使用密度和容积率实现对土地用途的管制，管制对象集中在建筑物及其布局，同时还包括建筑物及其他构筑物的高度、层数、规模、建筑线，最小空地率、建筑密度、最小容积率等。通过土地使用密度和容积率进行"量"的控制，可以达到土地集约利用、提高土地使用效率的目的。

日本是一个典型的土地资源匮乏的国家，日本政府先后颁布了《城市规划法》、《市街地建筑物法》、《农地法》、《新城市规划法》、《建筑标准法》等，逐步确立了土地用途分区管制制度。为了提高土地的利用程度，防止投机性囤积土地，日本政府还对空闲土地进行了管制。日本政府规定，凡符合空闲地制度中关于确认为空闲地条件的土地，都道府县知事有权要求其所有者提出这块土地的利用处理计划，并监督其利用方式是否符合规划用途。

通过税收政策的调整也是实现土地集约利用的一种非常有效的手段。西方发达国家根据房地产权变化，普遍实行较高的不动产税政策，并对粗放利用的土地施以重税，对集约利用的土地施以轻税，这一机制十分有效，可以促进更加集约地利用土地。如美国的地方政府经常采用开发影响税、改良税以及不动产转移税的征收抑制局部地区的土地开发活动，从而促进土地集约利用。

征收开发影响费也是美国地方政府经常采用的经济手段。开发影响费是美国地方政府对新的区域进行开发收费的形式之一。尽管征收开发影响费的主要目的是为开发建设筹措资金，但同时也是政府调控土地开发利用的手段。如果地方政府为了提高土地的利用效率，计划对某些"白地"区域的开发活动进行抑制，就会提高征收开发影响费的数量；反之，如果鼓励对某一地区的开发，就会降低这一地区的开发影响费。

双轨税率是另外一种已经被提议的用以促进城市地区填充和再开发的经济鼓励措施之一。根据这一制度，对土地价值以较高的税率征税，而对建筑物的改良价值课以较低的税费，从而降低土地集约利用的税负，提高土地粗放利用的税负。

20 世纪 50 年代以来，北美和欧洲部分城市的郊区化演变成了低密度的城市蔓延，导致了土地利用效率低下、城市基础设施规模效益下降、中心城市衰退等一系列环境和社会经济问题。为了解决这些问题，近年来美国各州政府以"精明地扩展"理念为基础，提出了多种规划措施，以提高现有建成区的开发密度，减少对新增建设用地的需求，提高土地利用效率。主要措施包括以下几方面：一是提倡土地混合利用，将工作、娱乐、休憩、商务和居民生活结合在一起；二是建筑设计的紧凑原则，提高土地利用效率，倡导紧凑的建筑设计，主张提高建筑密度，提倡向空间方向的发展，而不是水平方向的扩展；三是采取各种手段对需要保护的区域，如农田、开放空间、自然景观以及生态脆弱区进行严格保护；四是强调城市中心的作用，提倡建成区再开发。一些发达国家还采取激励措施实现"棕色地带"和"灰色地带"的整理和再利用，在建成区的现有资源和设施基础上进行建设。

自 1984 年我国创建经济技术开发区以来，开发区在推动区域与城市经济发展，发挥窗口与辐射作用等方面收到了良好效果。但另一方面，各类开发区也不同程度地存在着土地利用粗放和闲置现象。自 2003 年 2 月以来，国家开展了土地市场秩序治理整顿工作，重点对各类开发区（园区）进行了清理整顿，对开发区数量多、占地量大、粗放利用等现象进行整顿，取得了初步成效，但仍然存在开发区布局不合理、功能重复、土地投入产出率偏低等问题。2006 年又实施了新一轮国土资源大调查，将开发区土地集约利用潜力评价作为国土资源大调查的重要组成部分，并颁布了《关于部署开展 2006 年度开发区土地集约利用潜力评价工作的通知》（国土资厅发［2006］153 号）和《开发区土地集约利用潜力评价实施方案》（2006 年度），通过开展开发区土地集约利用潜力评价项目，评价试点开发区土地集约利用水平和集约利用潜力，为国家级开发区扩区升级、建立开发区用地节约集约评价考核制度提供科学依据。历时 5 年，经过两轮评价实践，摸清了 200 多个国家级开发区土地利用的"家底"，对近 1600 多个省级开发区进行了评价，初步建立了用地状况的基本档案。国家级和省级开发区业已形成的产业集聚、用地集约、布局集中的特色也得到进一步显现。

四、农村居民点集约利用相关研究

国外对农村居民点的研究起步较早，但由于国外发达国家基本上已经完成了城市化，因此直接对农村居民点用地集约利用的研究不多。以美国和加拿大的学者为首的发达国家学者，为疏散人口、解决大城市恶性膨胀问题，主要从历史、定性的角度对城乡结合部农村居民点演进机制和模式农村居民点整理和利用规划、景观和生态环境保护以及耕地保护等方面进行了研究。

20 世纪 80 ～ 90 年代，加拿大和美国等发达国家的大城市出现了人口回流的现象，许多城市人口向农村流动，农村居民点面积增加，研究发现这些地区一般受城市中心区的辐射影响比较强，基础设施相对完善，生活环境较好。2001 年帕奎特（Sylvain Paquette）以加拿大的魁北克为例，分析了农村居民点住宅的演变过程以及在不同景观背景下的居民住宅模式，得出结论：居民住宅模式受周围景观的影响，是社会机制和景观机制的综合作用的结果。鼓励在保护的生态景观的条件下进行乡村再开发。2002 年韦斯特比和克鲁帕（Marlow Vesterby & Kenneth S. Krupa）分析了美国农村居民点用地的特点以及其持续增长的原因。2004 年卡门和伊莲娜（Carmen & Elena）研究分析了由于非农人口时空的变化，从而带来的农村产业结构和农民生活方式的改变，以及由非农人口时空的变化带来的农村居民点用地利用方式的变化。

20 世纪 50 年代，英国开始对村庄实施中心村的大规模建设，发挥了人口集中效益，同时政府加大了对农村基础设施的投资建设，缩小了城乡之间的差距，使农民的生活质量得到了很大的改善和提高；Hoskim 通过对英国 Saxon 地区村庄研究发现，现状居民点的空间分布状态受土地的富饶程度和先前居民点的类型影响。艾佛森（Everson）等分析了英国圈地运动中土地利用类型和土地生产方式的变化，以及这些变化与居民点的分布状态之间的关系。70 年代以后，英国又提出因地制宜进行村镇规划，改变了过去只进行单一的中心村建设的做法。

1971 年，韩国发起"新农村运动"，工作内容主要有五个方面，即基础设施投入增加、福利、环境改善、精神启发和城市与工厂建设，此次运动的目的是实现农村现代化。

Michael Hin 通过对欧洲不同地区的村庄研究发现，在村庄分布密度较低地区，居民点周围的自然环境相对较差；在村庄分布比较集聚的地区，居民点周围多为优质土地，生活环境较好。

大部分发展中国家由于处于城市化初期和中期阶段，主要研究土地利用规划对农村居民点土地利用和开发的指导作用。

国内对农村居民点的有关研究，主要集中在以下几方面：

一是对农村居民点用地现状特征与变化机制研究。如郑新奇等研究了北京市昌平区农村居民点用地演变机理，袁洁等分析了湖北省孝南区农村居民点用地变化驱动机制。

二是农村居民点用地整理潜力及模式研究。学者多数采用一定方法对土地整理潜力进行测试，如刘筱非等通过人均建设用地标准计算法、闲置宅基地抽样调查法、城镇体系规划法，分别计算出渝北区农村居民点整理潜力。刘咏莲等选取新增耕地系数、地形地貌、单位耕地种植业劳动人数和人均国内生产总值等指标，采用层次分析法与多因素综合评定法，计算得出江苏省各县（市、区）农村居民点整理综合潜力区的综合评价值。叶艳妹等提出了农村居民点用地整理的四种运作模式：农村城镇化型用地整理模式、自然村缩并型用地整理模式、中心村内调型用地整理模式、异地迁移型用地整理模式。陈百明等研究了经济发达区农村居民点整理驱动力与模式，王庆芳等进行了农村居民点用地整理技术模式研究，傅新等利用 GIS 技术研究了招远市农村居民点空间布局与整理潜力等。

三是农村居民点整理适宜性研究。如陈健等基于 CA，对城乡结合部农村居民点用地整理进行了适宜性评价。林爱文等在模糊综合评判方法的基础上提出了一种新的递阶模糊评价方法，从整理潜力、经济条件和社会条件三个方面构建了评价指标体系，对黄破区农村居民点用地整理的适宜性进行了评价。高燕运用层次分析法与多因素综合评价法，从整理潜力、经济条件、社会状况和生态环境四个方面构建评价指标体系，对岱岳区农村居民点用地整理的适宜性进行了评价。

近年来，随着新农村建设的推进，陆续出现了农村居民点集约利用的有关研究，但仅限于指标体系建立及评价方面，如马佳、郑新奇等分别对湖北省孝感市和济南市农村居民点集约利用进行了评价。而在农村居民点集约用地标准及模式方面，国家未作出明确规定，学术界对此研究也较少，尤其是从国家政策与农户意愿相结合的视角研究尚不多见。

党的十六届五中全会和中央农村工作会议确立解决好"三农"问题、建设社会主义新农村是全党工作的重中之重，实行工业反哺农业、城市支持农村的方针，按照"生产发展、生活宽裕、乡风文明、村容整洁、管理民主"的要求，从实际出发，推进社会主义新农村建设和引导城镇化健康发展。

由此可见，农村居民点用地作为农村人地互动关系的核心和农村社会的基本地域单元，是建设社会主义新农村的重要载体，其用地规模和利用方式不仅直接影响着农村发展的基本方向，对农村可持续发展起着宏观控制作用，而且在极大程度上决定着城镇建设用地供给的来源指标以及耕地资源的警戒安全，对协调城乡土地利用起着引导作用。农村居民点用地集约利用已上升到政策高度，它既是我国农村社会经济可持续发展的本质要求，也是社会主义新农村建设的主要工作。

第三节　理论基础

一、地租地价理论

地租和地价理论是土地利用的重要理论。地租一词来源于拉丁语rendita，有报酬（return）或收入（yield）的意思。地租是一个历史范畴，随着有组织的土地利用和土地所有权的出现而产生的。任何社会只要存在土地所有者和不占有土地的直接生产者，生产者再生产利用中的剩余生产物为土地占有者所占有，就存在产生地租的经济基础。当代西方经济学和土地经济学将地租分为契约地租和经济地租。契约地租是指主佃双方通过契约的形式，规定佃户按期交给物主的租金款额。经济地租又称纯地租，是指利用土地或其他生产资料或因素所得报酬扣除所费成本的余额及超过成本的纯收入。

威廉·配第指出："地租是土地上生产的农作物所得的剩余收入。由于土壤肥沃程度和耕作技术水平的差异，以及土地距市场远近的不同，地租也有差异"，他还首次确定了土地价格，指出土地价格是购买一定年限的地租总额。亚当·斯密指出："地租是作为使用土地的代价，是使用土地而支付的价格。"大卫·李嘉图认为地租仅只是为了使用土地而支付给地主的金额，地租产生必须具备土地数量有限、土地的肥沃程度与位置的差别及土地的有限性和差别性两项条件，从而产生了丰度地租、位置地租和资本地租。地租不是价格的构成部分，不是价格的原因，而是价格的结果。杜能认为，地租不是劳动和投资的产物，而是田庄所处的位置和土地性质的偶然优势带来的。

马克思主义地租理论不仅以劳动价值论为基础，而且紧密联系社会生产关系进行考察。马克思认为一切形态的地租都是土地所有权在经济上的实现，一切地租都是剩余劳动的产物，是以土地所有权的存在为前提的。马克思依据其产生的原因和条件，提出级差地租、绝对地组和垄断地租三种形态。在合理组织土地利用中应遵循地租理论努力获取最大的地租收入。所谓级差地租，就是利用较好生产条件土地的超额利润。级差地租 I 是由于土地的肥沃程度和土地位置的不同而产生的。级差地租 II 是由于在同一块土地上连续投入等量资本所产生的生产率差别而形成的。

马克思在批判地继承古典政治学的地价理论的基础上，提出了以劳动价值论为基础的地价理论，提出土地价格是虚幻形式的价格，称土地价格为"虚幻的价格"，没有价值的物品可以有价格，土地价格是没有价值的价格。马克思把土地地区分为土地物质和土地资本，"土地价格无非是出租土地的资本化收入"，"土地价格是地租的资本化及土地价格＝地租/利息率"。

为了获得土地利用的最大经济效益，合理配置土地资源，必须应用经济杠杆对其加以调节和控制。地租和地价理论对于土地资源的综合评价和合理开发利用，制定土地利用政策具有重要的指导作用。通过合理地组织土地利用，不断改善土地质量状况，修筑交通运输网络，改变土地的经济地理位置和交通运输条件，追加活劳动和物化劳动的投入，实行土地集约化经营，必将导致土地级差地租形成条件的变化。这就是常说的"规划即地价"，规划是影响地价的重要因素，应根据地价的空间分布规律合理规划（配置）各业用地。

在地租和地价理论的指导下，根据土地用途与地租之间的关系，应把位于和接近城镇中心区的土地规划用作高价用地如商业用地，把其他类型用地，如工业用地、行政办公用地规划于远离城市中心的地段上。从另一角度而言，土地利用规划条件是影响土地价格形成的重要因素。土地使用种类与地价高低有密切的关系，通常商业用地的地价最高，另外，不同用途对土地条件的要求是不一样的，在土地条件一定的情况下，规定用途会降低地价，而从总体上看由于有利于土地的协调利用而具有提高地价的作用。

二、可持续发展理论

现代可持续发展思想的提出源于人们对环境问题的逐步认识和热切关注。20 世纪六七十年代以后，随着"公害"的显现和加剧以及能源危机的冲击，几乎在全球范围内开始了关于"增长的极限"的讨论。1972 年斯德哥尔摩召开主题为"只有一个地球"的第一次人类环境会议，通过了《人类环境宣言》；1982 年在肯尼亚首都内罗毕召开了人类环境特别会议，通过了著名的《内罗毕宣言》；1983 年 11 月联合国成立了以挪威布伦特兰夫人为首任主席的"世界环境与发展委员会";1987 年，联合国环境与发展委员会提交了《我们共同的未来》的报告，其内容中将可持续发展被定义为：既满足当代人的需要，又不对后代人发展的需要构成危害；1992 年《21 世纪议程》第十章《土地资源规划和管理综合方法》中提出：应合理制定土地资源可持续性指标体系，并将社会、环境、人口、经济、文化和政治因素纳入考虑范围，以此作为科技发展的较高领域之一。可持续发展不但包含了对当代的发展要求，而且包含对未来的发展构思，同时兼容了国家主权、国际公平、自然资源、生态承载力、环境与发展等项内容。

可持续发展包括可持续性和发展两个概念。所谓可持续性，是指在对人类有意义的时间和空间尺度上，支配这一生存空间的生物、物理、化学定律规定的限度内，环境资源对人类福利需求的可承受能力或可承载能力。所谓发展，可理解为人类社会物质财富的增长和人群生活条件的提高。可持续发展是既能满足当代人的需要，又不对后代人满足需要的能力构成危害的发展，即在人与自然和人与人的关系不断优化的前提下，实现经济效益、社会效益和生态效益的有机协调，从而使社会发展获得可持续性。可持续发展的核心思想是健康的经济发展应当建立在生态能力持续、社会公正和人们积极参与自身发展决策的基础上，其追求的目标是既要使人类的各种需要得以满足，个人得到充分发展，又要保护资源和生态环境，不对后代人的生存和发展构成威胁。

近年来，伴随着社会生产力的发展，尤其是工业化、城镇化的兴起，人口的增加和人类活动范围的扩大，使得对土地不断增长的社会需求与土地资源的有限性、土地利用的不可逆转性之间的矛盾日益显著，区域性人地矛盾不断加剧，严重制约了社会经济的高速发展。土地资源在"人口—资源—环境"系统中处于基础地位，土地资源可持续利用是我国实现可持续发展战略的基本保障。这就要求土地资源的利用从以经济增长为中心的发展转向社会、生态与经济效益并重，从以物为中心转向以人为本的发展，从注重眼前利益转向着眼于未来的长远发展，以实现土地资源的永续利用与社会、经济、资源环境的协调发展，不断满足社会经济长期发展的需要，达到最佳的社会、资源环境和经济效益。

三、土地区位理论

区位论就是关于人类活动的空间分布及其在空间中的相互关系的学说，包括杜能的农业区位论、韦伯的工业区位论、克里斯塔勒的中心地理论、廖什的市场区位论等。

1826 年德国经济学家杜能出版的《孤立国同农业和国民经济的关系》一书，最早提出城市外围农地利用区位的圈层理论，即农业区位论。该理论为以城市为核心的绕城农业用地功能的布局提供了理论支撑，对现在城市内部与城市周围土地集约利用仍有较强的指导意义，一定服务范围或半径内可能会有一个集约度很高的区域。指出：农业土地的利用类型和农业土地经营集约化程度，不仅取决于土地的自然特性，而且更重要的是依赖于其经济状况，其中特别取决于它到农产品消费地（市场）的距离。杜能从农业土地利用角度阐述了对农业生产的区位选择问题。其核心部分，从经济上看就是农业生产者所处位置的级差地租。

1909 年韦伯的《论工业的区位》发表，标志着工业区位论的问世。工业区位论的核心是：通过运输、劳动力及集聚因素相互关系的分析与计算，找出工业产品生产成本最低的点作为工业企业的理想区位。韦伯在其区位论中首次引用了"区位因素"，即至一个地理点上能对工业生产起积极作用和吸引作用的因素，排除了社会文化方面的区位因素，只考虑原材料、劳动力和运费，成为"孤立的工业生产"，认为：当劳动力费用在特定的区位对配置企业有利时，可能使一个工厂离开或放弃运费最小的地点，而移向有廉价劳动力的地区，条件是原材料和成品的追加费小于节省下来的劳动力费用。当一个工厂如果集聚所节省的费用大于引起离开运费最小或劳动力费用最小的位置需追加的费用，则其区位由集聚因素定向。

克里斯塔勒吸取杜能、韦伯两区位论的基本特点，于 20 世纪 30 年代初提出了"中心地理论"，即"城市区位论"，发现了决定城镇分布的"安排原理"，即决定城镇数量、规模和分布的原理，深刻地揭示了城市、中心居民点发展的区域基础等级——规模的空间关系，为城市规划和区域规划提供了重要的方法论依据。

德国经济学家廖什从市场区位的角度分析研究城市问题，提出了市场区位论，其特点是把生产区位和市场结合起来分析。他从工业配置要寻求最大市场的角度得出了与克里斯塔勒的城市区位论模型相似的六边形区位模型。

20世纪50年代以来，工业化和城市化的突飞猛进促进了区位理论的进一步发展，主要表现在：①区位理论从单个经济单位的区位决策发展到地区总体经济结构及其模型的研究；②从抽象的纯理论的模型推导转为力求接近世纪的区域分析和建立在实践中可应用的模型，为实际的决策提供依据；③区位决策的客体除工业、农业、市场以外，又加进了范围更加广泛的第三产业。

四、生态经济理论

生态经济学是20世纪50年代产生的由生态学和经济学相互交叉而形成的一门边缘学科，它是从经济学角度研究生态经济复合系统的结构、功能及其演替规律的一门学科，为研究生态环境和土地利用经济问题提供了有利的工具。

土地本身是集自然、社会、经济、技术等要素组成的一个多重结构的生态经济系统。土地利用不仅是自然技术问题和社会经济问题，也是一个资源合理利用和环境保护的生态系统问题，同时承受着客观上存在的自然、经济和生态规律的制约。生态经济学理论认为，生态和经济都达到平衡是可持续发展必须遵循的基本原则。生态经济平衡是以生态平衡为基础，与经济平衡有机结合而形成的一种平衡。从长远看，生态目标和经济目标是统一的。失去生态平衡的经济增长，将导致经济的停滞和衰退，最终将导致生态平衡的破坏。当自然再生产和经济再生产的供给水平低于人类社会经济发展的基本需要水平时，也将导致资源的破坏与环境的恶化，高级生态平衡将转化为低级生态平衡，成为不可持续的发展。

该理论的核心是，人类的经济活动必然会改变原来的自然生态系统，但人类活动必须控制在不破坏生态系统的自组织能力的范围之内。土地利用作为一个开放的生态经济系统，应遵循自然—经济—社会复合生态系统的"整体、协调、循环、再生"原理，把土地利用、生态与经济三方面目标结合起来，寻求土地利用既能推动经济发展又有利于维护资源和环境基础的最佳"切合点"，达到社会经济的可持续发展。

五、系统理论

"系统"一词最早出现在古希腊语中，原意是指事物中共性部分和每一事物应占据的位置，也就是部分组成整体的意思。在最近的几十年里，系统的概念成为科学研究上的一个关键性概念，它是当今科学、技术、政治、经济、农业、环境、交通等各个社会活动领域应用的最广泛名词之一。系统是由相互联系、相互依赖、相互制约和相互作用的若干事物和过程所组成的一个具有整体功能和综合行为的统一体。美籍奥地利人——理论生物学家贝塔朗菲在1925年发表了"抗体系统论"，提出了系统论的思想，1937年提出了一般系统论原理，奠定了这门科学的理论基础。

系统论是研究系统的一般模式、结构和规律的学问，它研究各种系统的共同特征，用数学方法定量地描述其功能，寻求并确立适用于一切系统的原理、原则和数学模型，是具有逻辑和数学性质的一门新兴的科学。系统论认为，整体性、关联性、等级结构性、动态平衡性、时序性等是所有系统的共同的基本特征。系统论的核心思想是整体观念，任何系统都是一个有机的整体，它不是各个部分的机械组合或简单相加，系统的整体功能是各要素在孤立状态下所没有的新质（整体大于部分之和）。其基本思想方法，就是把所研究和处理的对象当作一个系统，分析系统的结构和功能，研究系统、要素、环境三者的相互关系和变动规律性，并优化系统的整体功能。所以，从系统观点看问题，世界上任何事物都可以看成是一个系统，系统是普遍存在的。研究系统的目的在于调整系统结构，协调各要素关系，使系统达到最优目标。

土地利用系统是指为人类活动所利用的土地表层及其以上和以下的所有要素相互联系、相互制约而构成的具有特定功能的有机结合体，它是一个自然系统和人工系统相结合的复杂系统。它主要是通过组织、协调和控制土地资源利用诸因素之间的相互关系，重新组合新的整体，从而获得整体的组合效应，因此这就需要用系统理论来解决土地集约利用中的问题。

六、土地报酬递减理论

土地集约利用就是在土地上增加投入，以获得土地的最高报酬。土地集约利用是社会经济发展的必然趋势，"土地报酬递减规律"为土地集约利用提供了重要的理论依据。最早发现"土地报酬递减律"的是 17 世纪中叶的威廉·配第（William Petty，1623～1687），对其内涵进行详细表述的首推 18 世纪法国重农学派后期代表人物杜尔阁（R. J. Turgot，1727～1781）。该理论起源于对农业土地的利用，它认为在一定科技条件和若干要素投入量保持不变的情况下，土地收益随某一投入量不断增加将出现由递增到递减的现象。它是优化土地利用投入产出关系和经营方式的基本依据。英国经济学家马歇尔认为：报酬递减规律适用于各业中为了生产和生活而对土地的利用，显然土地报酬递减规律所阐述的就是土地的一定的劳动、资本和技术合理投入问题，研究的是土地的合理集约度。

土地报酬的运动规律在正常情况和一般条件下，应该是随着单位土地面积上劳动和资本的追加投入，先递增然后趋向递减。在递减后，如果科学技术或社会制度有重大变革，使土地利用在生产资源组合上进一步趋于合理，则又会转向递增；技术水平与管理水平稳定下来，将会再度趋于递减。至于土地生产力的发展变化趋势，在土地合理利用条件下总的趋势则是递增的，但利用不当也会趋于下降和衰退，关键在于科学技术和管理水平的主导作用。

可以看出，土地收益、土地生产力的递增、递减，主要在于投入变量资源和土地的比例关系是否配合得当。二者之间的配合比例上是否协调以及协调程度的大小，决定着土地报酬和土地生产力。一般来说，不同的区域和不同类型的土地上集约度存在很大的差别。对于某种土地利用类型，如果土地投入不够，土地报酬潜力将得不到挖掘，土地呈现粗放利用状态。

七、景观生态学理论

景观生态学是研究景观单元的类型组成、空间格局及其生态学过程相互作用的综合性学科。强调空间格局、生态学过程与尺度之间的相互作用是景观生态学研究的核心所在。城乡建设用地集约利用在增加投入和劳动追求经济效益的同时，要注意正确处理与本地文化、历史与内涵的有机结合，以可持续发展为指导，在土地上建立人、地、经济及景观协调发展的生态系统。

第四节　主要创新点

第一，从宏观角度出发，探索了全省城市土地集约利用评价的理论与方法，建立了一套"同质异量"、适合全省城市土地集约利用评价的指标体系，对全省城市进行宏观整体评价，更有利于宏观调控全省不同城市的建设发展方向和土地利用结构，具有一定的理论创新意义和实践应用价值。

第二，从微观角度农户主体行为出发，综合考量国家政策与农户意愿，测算农村居民点集约用地标准，设计宏观与微观相结合、自上而下与自下而上相结合的农村居民点集约用地模式，体现了本书又一研究思路和研究内容的创新。

第三，通过对全省11个地市进行实地走访调研，分析取得的成效和经验，总结归纳河北省城乡建设用地增减挂钩（新民居）模式，深入分析现行政策下城乡建设用地增减挂钩工作中存在的问题及面临的困难，研究提出符合河北省省情的城乡建设用地增减挂钩的对策建议，对于统筹城乡发展，缓解建设用地供需矛盾，促进社会主义新农村建设具有重要意义，为政府适时调整和制定有关政策提供参考依据。

第四，以建设用地集约利用为主线，对河北省城市用地、开发区用地、农村居民点用地集约利用情况以及城乡建设用地增减挂钩工作进行了系统研究，分别从宏观、微观等角度对建设用地集约利用评价方法、标准测算及用地模式进行了理论与实践的探讨，在思路上具有一定的创新性，实践上具有较强的操作性，研究结果对于宏观调控河北省建设用地发展方向和土地利用结构，保护耕地，促进城乡统筹发展具有重要意义，可为省政府制定相关政策提供相关参考依据。

第二章

河北省建设用地集约利用形势分析

第一节　河北省概况

　　河北省位于华北平原，地处北纬 36°03′～42°40′，东经 113°27′～119°50′之间，内环北京市和天津市，西以太行山和山西省为邻，西北部、北部和东北部同内蒙古自治区和辽宁省接壤，东部濒临渤海，东南部和南部与山东、河南两省交界，总面积 18.8 万平方公里，海岸线长 487.3 公里。辖 11 个地级市，22 个县级市，6 个自治县和 108 个县，省会设在石家庄市。

　　由于地质构造运动，全省地形具有明显的带状特点，自西北向东南呈半环状逐级下降。最北面为高原，占全省总土地面积的 9.7%，海拔在 1200 米以上；燕山山脉东西走向，横卧北部，太行山东北—西南走向，海拔一般为 100～500 米，占全省总土地面积的 50.5%；燕山、太行山两山形成半环状，环抱河北平原，燕山以南、太行山以东依次为山麓平原、低平原、滨海平原，海拔一般低于 50 米，占全省总土地面积的 39.8%。

第二节　河北省建设用地现状

　　建设用地通常是指通过工程措施和资源开发，为人类的生产、生活等方面和物质建设所提供的土地。它利用的是土地的承载力、操作场地和建筑空间及其地下资源，它是把土地作为生产基地、生活场所，而不是以取得生物产品为主要目的的用地。包括居民点及独立工矿、交通运输用地、水利设施用地等。第二次全国土地资源大调查结果显示，河北省土地总面积18854470.66公顷，其中建设用地3029557.66公顷，占河北省土地总面积的16.07%。全省建设用地的构成情况如表2-1所示。从表2-1中可以看出，在河北省建设用地构成中，城镇村及工矿用地最多，占河北省建设用地总量的57.85%。

表 2-1　　　　　　　　　　河北省建设用地利用结构

项　目	建设用地		
	城镇村及工矿用地	交通运输用地	水域及水利设施用地
面积（公顷）	1752522.97	392465.24	884569.45
比例（%）	57.85	12.95	29.20

2009年河北省11个地区建设用地构成情况如表2-2所示，唐山地区建设用地面积最大，共计508734.66公顷；其次为沧州，建设用地面积为415229.49公顷；保定为第三，建设用地面积406330.90公顷；建设用地面积最小的是秦皇岛地区，为123906.50公顷。在11个地区建设用地构成中，城镇村及独立工矿占建设用地的比例仍然最大，全部在46%以上。

表 2-2　　　　　　　2009 年河北省 11 个地区建设用地利用结构

地区	建设用地						建设用地总计（公顷）
	城镇村及工矿用地		交通用地		水域及水利设施用地		
	面积（公顷）	比例（%）	面积（公顷）	比例（%）	面积（公顷）	比例（%）	
石家庄	185683.75	67.16	33001.12	11.94	57794.52	20.90	276479.39
唐　山	260393.90	51.18	43519.57	8.55	204825.11	40.26	508738.58
秦皇岛	70865.36	57.19	15824.92	12.77	37216.34	30.04	123906.62
邯　郸	163710.14	69.03	31907.00	13.45	41552.91	17.52	237170.05
邢　台	146503.43	64.96	32628.72	14.47	46379.68	20.57	225511.83
保　定	260321.28	64.07	45963.28	11.31	100039.84	24.62	406324.4
张家口	121924.66	46.69	51018.00	19.54	88167.07	33.77	261109.73
承　德	87510.15	47.60	27484.54	14.95	68835.43	37.45	183830.12

地区	建设用地						建设用地总计（公顷）
	城镇村及工矿用地		交通用地		水域及水利设施用地		
	面积（公顷）	比例（%）	面积（公顷）	比例（%）	面积（公顷）	比例（%）	
沧 州	**218791.70**	52.69	**51500.33**	12.40	**144943.73**	34.91	415235.76
廊 坊	**117542.89**	63.49	**26481.73**	14.30	**41124.17**	22.21	185148.79
衡 水	**119275.71**	57.87	**33136.23**	16.08	**53690.65**	26.05	206102.59

城镇村及独立工矿的构成如表2-3所示，河北省农村居民点用地最多，其次是采矿用地、建制镇和城市用地，从11个地区来看，农村居民点用地所占比例除唐山为50.11%外，其他各地区全部在60%以上。农村居民点所占比例最大的是衡水，达到77.83%，其次为邢台和保定，分别为77.70%和75.58%（表2-1、表2-2、表2-3均依据河北省二调数据整理而成）。

表2-3　　　　　2009年河北省11个地区城镇村及工矿用地结构　　单位：公顷，%

行政区域名称	城镇村及工矿用地	其中				
		城市	建制镇	村庄	采矿用地	风景名胜及特殊用地
河北省	1752522.97	132629.80	186359.11	1174030.26	216477.65	43026.15
		7.57	**10.63**	**66.99**	**12.35**	**2.46**
石家庄	**185683.75**	26023.38	22060.22	127008.45	5928.74	4662.96
		14.01	**11.88**	**68.40**	**3.19**	**2.51**
唐山市	**260393.90**	21641.56	25286.39	130494.76	78440.43	4530.76
		8.31	**9.71**	**50.11**	**30.12**	**1.74**
秦皇岛市	**70865.36**	11728.01	6384.70	47017.46	4513.47	1221.72
		16.55	**9.01**	**66.35**	**6.37**	**1.72**
邯郸市	**163710.14**	9984.35	17993.51	119433.98	14836.36	1461.94
		6.10	**10.99**	**72.95**	**9.06**	**00.89**
邢台市	**146503.43**	6732.28	15889.46	113840.19	8221.20	6732.28
		4.60	**10.85**	**77.70**	**5.61**	**1.24**

续表

行政区域名称	城镇村及工矿用地	其中				
		城市	建制镇	村庄	采矿用地	风景名胜及特殊用地
保定市	260321.28	14979.72	24572.45	196760.64	14982.98	9025.49
		5.75	9.44	75.58	5.76	3.47
张家口市	121924.66	9568.00	17260.42	76580.55	14432.20	4083.49
		7.85	14.16	62.81	11.84	3.35
承德市	87510.15	4423.91	8160.08	58151.67	13293.22	3481.27
		5.06	9.32	66.45	15.19	3.98
沧州市	218791.70	12932.23	17011.55	132117.31	51629.98	5100.63
		5.91	7.78	60.38	23.60	2.33
廊坊市	117542.89	9085.31	19778.40	79798.81	5664.29	3216.08
		7.73	16.83	67.89	4.82	2.74
衡水市	119275.71	5531.05	11961.93	92826.44	4534.78	4421.51
		4.64	10.03	77.83	3.80	3.71

第三节　建设用地存在的主要问题

一、建设用地利用中存在的主要问题

（一）建设大量占用耕地，数量呈扩大趋势

当前，河北省正处于工业化、城市化快速发展时期，经济建设不可避免还要占用部分耕地，造成人地矛盾非常突出，人均耕地和优质耕地不断减少。从表2-4可以看出，2000~2009年，全省建设用地面积不断增大，而人均耕地面积逐渐减少（除2009年外）。从表2-5可以看出，2000~2009年，全省耕地减少去向主要为建设占用、生态退耕和农业结构调整，其中建设占用是耕地减少的重要原因。

表 2 – 4　　　　　　　耕地、建设用地及人均状况（2000～2009 年）

年　份	耕地（万亩）	人均耕地（亩/人）	建设用地（万亩）	人均建设用地（亩/人）
2000	10263.4	1.54	2496.6	0.37
2001	10249.9	1.53	2506.9	0.37
2002	10007.8	1.49	2527.3	0.38
2003	9747.0	1.44	2537.1	0.38
2004	9682.0	1.42	2548.1	0.37
2005	9615.6	1.40	2598.8	0.38
2006	9473.7	1.37	2655.8	0.39
2007	9472.7	1.36	2672.8	0.38
2008	9475.9	1.36	2691.3	0.39
2009	9842.04	1.40	4544.34	0.63

表 2 – 5　　　　　　　　　　耕地减少去向统计　　　　　　　　单位：万亩

年　份	合计	建设占用	灾毁	生态退耕	农业结构调整
2000	34.10	14.40	1.30	12.30	6.10
2001	29.86	10.01	2.54	15.12	2.20
2002	257.77	13.56	0.74	223.17	20.31
2003	276.17	11.83	2.20	231.31	30.83
2004	79.65	10.50	0.60	66.04	2.49
2005	119.72	31.11	1.51	56.34	30.75
2006	219.78	39.98	1.03	61.23	117.53
2007	81.69	11.18	0.61	0.58	69.31
2008	20.33	11.29	0.01	2.47	6.56
2009	19.33	18.13			1.2

　　"十二五"期间，全省生产总值预期增速 8.5% 左右，到 2015 年人均生产总值比 2000 年翻两番，财政收入可比增长 11%，城镇化水平达到 54%，经济社会快速发展，对建设用地需求将大幅增加，土地供需矛盾凸显。

（二）城市规模以外延扩张为主，城镇和村庄建设用地严重超标

随着河北省经济的快速发展以及城市化进程的加快，城市数量和规模逐年扩大，造成城镇建设用地需求不断增大。河北省当前村镇建设用地存在着许多共同的问题，主要表现在：建设用地盲目扩张的同时，城镇城中村、低效、闲置、批而未供、供而未用土地较多，城市建设向空中、地下要地的力度不够，有些工业用地投资强度不高，超过用地定额指标标准。农村空心村较多，村镇内部的闲散地增多；村镇建设无规划指导，无用地布局控制；住宅用地过大，全省人均农村居民用地达 296 平方米，宅基地严重超标，等等。

（三）建设用地粗放、低效利用，浪费现象严重

在城市土地利用过程中，由于新区开发成本远低于旧城改造，人们往往注重眼前利益，城市建设注重新区开发而不愿进行旧城改造，没有充分挖掘存量建设用地的潜力，城市土地利用粗放、低效，没有充分发挥土地的经济效益和社会效益。2008 年河北省土地消耗系数为 0.17 亩/万元，集约利用程度排名为全国第十。近年来河北省城市化建设用地总量在迅猛扩张的同时，人均建设用地也明显超标，城镇化后节约的土地难以补充耕地，土地浪费十分惊人。

（四）城市用地结构不合理，土地利用效率低

从河北省城市用地结构看，普遍存在的问题是第二、第三产业用地不协调，工业用地比例偏高，住宅、商业及交通、公共设施、绿地等用地比例偏低的问题。城市用地结构的不合理造成老城区住房紧张、交通阻塞、市政基础设施老化、中心城区企业缺乏发展空间、生态环境恶化等问题，从而使城市总体效益下降。此外，河北省中小城市容积率相对较低，土地利用效率低下，有待于进一步提高城市容积率。

（五）开发区用地粗放是河北省城市建设用地存在的突出问题

河北省现有国家级开发区 6 个，省级开发区 44 个，首批省级产业聚集区 32 个。开发区用地粗放主要表现在投资密度小和用地结构不合理两个方面。土地占而不用是一种闲置，土地上没有产出和效益是另一种隐性闲置。开发区常常由于资金投入不足，土地投资密度低，导致土地利用效率也低，而当工业项目难于落实时，又形成大量闲置地。河北省开发区中，秦皇岛开发区、石家庄高新技术开发区和廊坊开发区由于地理位置优越，交通便利，经济效益较高，而其他一些地理位置偏僻、交通和社会经济条件较差的地区，经济效益和资金吸引能力也较差，土地利用率很低。

开发区主要职能应以工矿仓储、科研等用地为主，加上适当的基础设施和少量生活居住用地，而目前不少开发区工业用地仅占全区土地总面积的20%～30%，非生产性用地比例过高。

二、建设用地管理中存在的主要问题

(一) 用地观念陈旧，创新意识不强

严格控制新增建设用地规模是国家从长远角度和战略高度确定的在用地政策上的重大战略举措，短期内不会改变，建设用地不饱和供应也将是长期现实。但各地没有完全认识到这一现实和他的重要性，仍沿用传统观念，在解决用地供给不足上，仍把主要精力放在如何争取省里的用地计划指标上，依赖思想严重，如何节约用地、内涵挖潜、利用存量土地、千方百计提高土地集约利用水平上意识不强，办法不多，主动性和创新性不够。

(二) 节约集约用地意识不强

各地为多争取用地指标，在申请用地计划中存在打捆包装项目，虚报投资、虚报用地规模问题。圈大院、绿地广场面积偏大、批多用少等现象较为普遍，造成土地浪费。如果每个项目能少用10亩地，全省一年就可多安排上百个项目用地指标，节地潜力较大。

(三) 用地计划指标分配方式不够科学

近年在用地计划分配方式上，河北省预留了大部分用地计划指标，对调动各地招商引资，保障重点项目用地需求起到了重要作用。但由于各市可安排计划空间减小，造成各地依赖使用省预留指标的程度进一步提高，内涵挖

潜，自主解决用地指标供给不足的主动性和积极性降低，有的甚至是以土地指标不足为说辞，将责任向上推。同时省里计划安排难度和压力进一步加大。

（四）重点项目用地计划前期审核不到位

重点项目用地计划申报阶段，基层国土部门没有进行项目选址规划审查、用地定额和用地地类审查，用地计划安排存在一定的盲目性。计划安排后，容易出现用地面积、用地类型上与实地有出入，下达重点项目用地计划不好使用，存在用地指标不能用足用好的情况，也不利于后期跟踪管理。

（五）用地审批方式造成土地闲置浪费

按照土地管理法规定，城镇用地按批次报批，不对项目，特别是工业、商业等经营性用地还要通过招拍挂方式供地。由于有些项目前期工作不到位，资金不落实，土地批回后，造成批而未供，供而未用等土地闲置浪费。

第四节　建设用地供需形势分析

一、建设用地供给形势分析

（一）土地利用总体规划建设用地总规模可用空间分析

依据《河北省土地利用总体规划（2006～2020年）》，国家下达河北省2020年建设用地总规模为2867.10万亩；其中城乡建设用地规模为2247万亩。据第二次全省土地调查结果，2009年年底全省建设用地总规模为3016.9万亩，已超过2020年建设用地总规模149.9万亩，其中城乡建设用地规模二调结果为2828.33万亩，比2020年规划规模超出381.3万亩。从规划角度，今后已没有外延发展空间，建设用地需求只能通过内涵挖潜解决。

（二）土地利用总体规划新增建设用地规模空间分析

依据《河北省土地利用总体规划（2006～2020年）》，国家下达河北省

2006～2020 年新增建设用地指标为 348 万亩。依据土地变更调查结果，2006～2009 年实际新增建设用地 123.9 万亩，2010 年预计新增建设用地 53.9 万亩，2011～2020 年实际可利用空间仅剩 170.2 万亩，年均 17 万亩，发展空间非常有限。

（三）"十二五"规划供给空间分析

根据《河北省国土资源"十二五"规划》，"十二五"期间全省计划安排新增建设用地供给总规模控制在 119.10 万亩以内，年均 23.82 万亩。确保各业合理用地需求得到保障，新增建设用地规模得到有效控制，土地节约集约利用水平进一步提高。

（四）城镇、村庄内涵潜力空间分析

从统计资料分析，河北省 2009 年城镇用地 47.83 万亩，城市人口 3077 万人，人均用地 104 平方米，用地水平基本符合国家规定标准；村庄用地 1760.66 万亩，乡村人口 3957 万人，人均用地 296 平方米，超过国家规定 150 平方米的最高标准，用地超标严重，如按人均用地 150 平方米计算，则内涵潜力为 866.58 万亩。

二、"十二五"时期建设用地需求形势分析

（一）经济增长用地关系需求预测

通过对 2000～2009 年建设用地数量与地区生产总值的关系进行回归分析，得到回归方程：

$$Y = 237.72X + 198868$$
$$R_2 = 0.3516$$

根据《中共河北省委关于制定"十二五"规划的建议》，"十二五"期间，全省生产总值增速 9% 左右，预测 2015 年河北省地区生产总值将达到 28906 亿元，代入上述回归方程，2015 年建设用地面积预计需求 707.03 万亩，"十二五"期间需新增用地约 240.55 万亩，年均 48.11 万亩。

（二）按重点建设项目与行业需求预测

重点项目用地需求预测。从近几年河北省重点建设项目数量及用地需求情况看，全省每年重点建设项目都在1000项以上，每年需要新增用地在50万～60万亩，按50万亩计算，"十二五"期间全省重点建设项目用地需要新增用地约250万亩。

城镇发展用地需求预测。依据《河北省人民政府关于加快城市化进程的实施意见》，到2015年全省城镇人口要由2010年的3186万人增加到4100万人，城市化率由2010年的45%提高到54%，"十二五"期间将新增城镇人口914万人，在扣除重点建设项目工业、服务业等用地重叠部分后，按人均用地65平方米计算，"十二五"期间城镇发展需新增用地约89万亩。

交通发展用地。依据省委《中共河北省委关于制定"十二五"规划的建议》，到"十二五"末全省高速公路通车里程要达到6762公里，新增通车里程2455公里，按每公里新增用地110亩计算，需新增用地约25万亩。到"十二五"末全省铁路营运里程要达到8000公里，新增里程2177公里，按每公里新增用地100亩计算，需新增用地约22万亩。同时扩建和新建石家庄、邯郸、秦皇岛、承德、张家口、衡水等机场及港口建设都需部分新增用地，约需用地5万亩左右。"十二五"期间交通发展共需新增用地约52万亩。

其他新增用地。依据《河北省电力"十二五"规划》，"十二五"期间河北省拟新建火电项目15个，风电项目4个，太阳能发电项目2个，生物质能开发利用项目20个，智能电网建设项目5个，煤炭清洁综合利用项目3个，电网建设新建扩建不同规模变电站581座，约需新增用地5万亩。南水北调配套工程、病险水库除险加固工程防洪蓄水工程等水利建设约需新增用地3.5万亩。华北、大港、冀东三大油田油井勘探、进场路，及各种附属设施约需新增用地约1.5万亩。以上共需新增用地约10万亩。

通过以上分析预测，"十二五"期间全省各项建设共需新增用地约401万亩。

（三）"十二五"规划需求预测分析

根据《河北省国土资源"十二五"规划》，"十二五"期间全省共需新增建设用地 240.55 万亩，年均 48.11 万亩，其中：城镇建设用地需求为 78.43 万亩，占用地总需求的 32.61%；独立工矿用地需求 76.11 万亩，占总需求用地的 31.64%；交通用地需求 55.18 万亩，占总需求用地的 22.93%。

三、建设用地供需平衡分析

通过上述分析，"十二五"期间全省新增建设用地需求在 240 万 ~ 400 万亩之间，年均约需用地 48 万 ~ 80 万亩。从供给情况看，就目前规划规模而言，不仅已没有发展空间，而且还应缩减建设用地 150 万亩，才能实现 2020 年规划建设用地控制目标。从新一轮土地利用总体规划新增用地规模空间看，"十二五"期间可利用发展空间约 84 万亩，年均 16.8 万亩。国土资源"十二五"规划初步安排"十二五"期间全省新增建设用地供给总规模控制在 119.10 万亩以内，年均 23.82 万亩，这就意味着"十二五"期间将 2011 ~ 2020 年 10 年新增用地指标用去了 71%，"十三五"期间用地发展空间将会大大减少。即使如此，也仅能满足"十二五"期间需求最低数 240 万亩的 50%，用地缺口较大，发展空间非常有限。但从内涵潜力看，全省村庄用地内涵潜力达 866.58 万亩，按"十二五"期间最低需求 48 万亩计算，可供 18 年使用，按最高需求 80 万亩计算，可供 10 年以上使用。

可见，实行土地集约利用，加大内涵挖潜力度，盘活存量建设用地，是解决建设用地供给不足，保障建设用地需求，促进经济发展的根本出路。

本章小结

本章介绍了河北省建设用地利用现状、建设用地利用和管理中存在的主要问题，从土地利用总体规划、"十二五"规划等方面分析了建设用地的供给形势，从经济增长用地关系、重点建设项目与行业需求等方面分析了"十二五"时期建设用地的需求形势，并对建设用地供需平衡进行了一定分析。结果显示，河北省建设用地供需矛盾突出，集约用地形势严峻，必须加大内涵挖潜力度，盘活存量建设用地。这是解决建设用地供给不足，保障建设用地需求，促进经济发展的根本出路。

第三章

河北省城市土地集约利用理论与方法

第一节　城镇土地集约利用形式和类型

根据集约经济增长理论，劳动力集约度是指在经济系统产出量的增长中，劳动力数量不变的条件下由劳动生产率的提高引起的产出量的增加所占的比重，即其对总产值的贡献率；资金集约度是指在经济系统产出量的增长中，资金投入量不变的条件下由资金产出率的提高引起的产出量的增加所占的比重，即其对总产值的贡献率；对应地，劳动力粗放度是指在经济系统产出量的增长中，劳动生产率不变的条件下由劳动力数量的增加引起的产出量的增加所占的比重，即其对总产值的贡献率；资金粗放度是指在经济系统产出量的增长中，资金产出率不变的条件下由资金投入量的增加引起的产出量的增加所占的比重，即其对总产值的贡献率。据此，土地集约度是指在经济系统产出量的增长中，土地投入量不变的条件下由土地产出率的提高引起的产出量的增加所占的比重，即其对总产值的贡献率；对应地，土地粗放度是指在经济系统产出量的增长中，土地生产率不变的条件下由土地数量增加引起的产出量增加所占的比重，即其对总产值的贡献率。这是一种理论度量，同时也表达了土地集约的类型。

一、根据集约程度和内涵不同划分

根据集约的程度和内涵的不同可以将城镇土地集约利用形式划分为以下几种：

粗放利用：对土地低度投入或土地闲置、浪费。

过度利用：对土地过度投入，造成土地报酬递减，或者土地利用的外部不经济，如采光、通风、日照、视觉通廊、原有环境尺度和文脉的破坏，局部交通拥挤和污染等，导致土地利用综合效益下降。

集约利用：对土地利用程度适宜，既达到了规模效益，又达到结构和强度合理性没有拥挤成本，实现城市土地经济效益的最大化，充分挖潜了土地利用潜力。

二、根据集约要素的特征划分

根据集约要素的特征可将土地集约利用类型划分为以下几种：

劳力资本型集约：在城市发展的初始阶段，对土地的投入主要以劳力和资本为主。

资本技术型集约：在城市发展较高水平成熟阶段，对土地的投入主要表现在资本和技术的含量。

结构型集约：在城市化发展的后期阶段，城市土地利用结构通过不断地调整、置换逐步合理。

生态型集约：城市发展的最高阶段，城市用地结构、利用空间和利用强度合理配置，既达到经济效益的最佳，同时又保护了生态效益。

第二节　城镇土地集约利用影响要素

城市土地集约利用程度或使用强度的影响因素包括宏观和微观两大方面。

就宏观而言，影响城镇土地集约利用程度的因素有土地资源状况、人口密度、城镇规模、城镇经济发展水平、产业结构、发展速度、基础和公益设施等城镇公共物品能力、土地使用制度、土地市场的供求关系、城镇规划控制、科学技术等，它们是决定城镇土地集约利用强度的大前提。

就微观而言，影响城镇地块土地集约利用程度或强度的因素有：①地块的使用性质，如商业、旅店、办公楼等的容积率一般应高于住宅、学校、医院、剧院等；②地块的价格，一定程度上可以说支配着城镇各项用地的空间安排及土地利用效率与开发强度，例如，中心商务区的容积率比远离 CBD 的地区要高得多；③地块的基础设施条件，一般来说，较高的容积率需要较好的基础设施条件和自然条件作为支撑；④地块的空间环境和景观要求，即与相邻四周在空间环境上的制约关系，以及城镇设计上的要求，如建筑物高度、间距、形体、绿化、通道等。

一、人口密度

城镇土地集约利用程度与区域土地资源供给总量和人均拥有土地资源的状况直接相关。可以说，土地资源的稀缺性程度是土地集约利用的最直接的资源性影响因素。土地资源供应量的大小不是指土地资源绝对数量的多少，关键是区域人均土地资源的拥有。人地关系紧张的地区，土地的稀缺性越强，土地集约利用的客观要求就越强。

二、城镇规模

随着城镇规模的扩大，城市社会经济活动的多样性增强，社会分工更为深化，交易日益频繁，从而分工与贸易的经济利益就更为突出，城市的聚集效益明显。聚集本身就是表达一定空间的资本、技术、劳力积累程度，表现在土地方面就是土地集约利用状态。因此，最佳城市规模效益反映了城市土地集约度状态。

三、城镇地价

城镇地价是城镇区域土地集约程度的重要指针。从微观角度看，城镇土地价值高低是影响城镇地利用集约程度的最重要和直接因素之一；从宏观角度看，城镇聚集效益是影响土地价值的决定因素。这是因为，一方面，聚集行为过程的本身导致一定范围的土地空间需求增大，土地价格提升；另一方面，聚集使得企业生产能力提高，单位面积土地产出提高，用于支付地租的能力增强，竞争机制下，级差地租增大，土地价格提升。如果城镇整体地价水平低，从市场供求角度是因为土地需求相对小。土地之所以需求小，是因为该区域土地不能带来更高的生产价值，不能带来聚集效益。此外，人地关系紧张的城市，土地资源总量不足，土地供求关系紧张，土地价格增高。同时，城镇人口总是相对密集，城镇土地集约程度自然提高。可见城镇的聚集程度、规模效益、城镇土地价格和城镇土地集约度之间相互制约、相互影响。

因此，衡量城镇土地的聚集程度或规模效益，可以通过城镇土地的地价水平进行量化，城镇地价水平可作为衡量城镇土地集约利用程度和规模潜力的一个指针。

四、城镇规划指标

城镇规划是城镇建设和管理的重要依据，是保证城镇土地合理开发利用的前提和基础。城镇规划对城镇土地集约利用方面的影响表现：①城镇性质和规模；②城镇用地结构；③城镇人均建设用地指标；④城镇建筑容积率；⑤城镇建筑密度等。可见城镇规划对城镇土地集约利用影响的直接程度和力度。

五、城镇公共物品

在城镇经济中存在着大量的公共物品，如市政设施和公益设施，包括交通设施、水电煤供给、文化教育娱乐、环境保护和整治等。公共物品的投入关系到城镇发展的基本条件，影响到城镇土地集约利用状况。如果公共物品过多投入，意味着投入的浪费，土地利用的粗放；如果公共物品投入不足，则意味着城镇发展基础条件不足，土地利用过度。

第三节　城市土地集约利用的评价方法

一、评价的基本原则

（一）合理利用原则

城镇土地集约利用以合理利用为前提条件，因此，评价指标体系的设计也必须以城镇土地合理利用为前提。城镇土地集约利用的实质就是在不损害当前生产、生活对土地的需求条件下，对土地资源的最节约利用。

（二）综合性原则

所选择的评价方法和指标必须从多方面反映城镇土地集约利用的内涵。城镇土地集约利用的本质是在合理布局、优化用地结构，保持土地可持续发展的前提下，通过增加存量土地的投入，提高城镇土地的使用效率和经济效益。因此，指标体系的设计必须包括反映土地合理利用和可持续利用的程度、城镇土地投入、使用强度以及使用效率方面各项内容。

（三）层次性原则

城镇土地集约利用在不同的空间层次上，参照的背景不一样，其成果的应用对象与技术方法也不尽相同。在不同的地域范围评价城镇土地集约利用潜力时，应针对空间尺度的差异，即城镇建成区、功能区和地块三个不同的空间层次，选择相应的评价方法和评价指标。

（四）定性分析与定量分析相结合的原则

城镇土地集约利用潜力评价应从定性分析入手，同时尽量将各类影响因素量化，避免任意性，全省范围内的评价可以定性分析为主，定量分析为辅。

（五）主导因素原则

重点分析对土地集约利用和挖潜起支配作用的主导因素，并将其作为土地使用潜力分类的重要依据。

（六）可操作性原则

评价方法与选用的指标要简单明确，易于收集，统计口径一致，指标的独立性强，要尽量采用现有的统计数据、图件和城建及土地部门所掌握的资料。

（七）区域性原则

城镇土地集约利用是在特定区域内的一个动态的、相对的概念。城镇发展的区域条件千差万别，评价指标体系的设计应考虑各地实际情况，具有一定的弹性和灵活性。可采用必选指标和备选指标相结合的评价方法，必选指标是评价时必须使用的指标，用于进行城镇之间的比较，备选指标各城镇可根据当地的具体情况灵活选用。

二、指标体系设计的基本思路

根据所评价城镇的实际情况，在分析确定城镇发展趋势或城镇适度规模的基础上，从土地集约利用的约束条件、程度和效率、利用趋势三个方面进行分析，以市场化、现代化、可持续发展为目标，以合理、合法、高效为出发点，选择适合于评价城镇的指标，建立评价指标体系。指标体系一方面要反映城镇土地集约利用的共性；另一方面要体现不同城镇土地利用的特点。对一个城镇土地集约利用潜力的评价分宏观、中观和微观三个层次。

宏观层次的评价是对一个城镇土地利用集约水平的总体评价，其基本思路是建立集约化综合指数综合评价模型，定量反映城镇土地集约利用状况与合理集约利用状况的接近程度。总体评价指标体系着重反映城镇土地集约利用的总体状况，评价指标体系全面、综合反映土地集约利用的各个方面。

中观层次的评价是针对建成区范围内土地集约利用潜力空间分布的评价。由于居住区、工业区、商业服务区等不同功能区土地利用特征和条件存在差异，反映土地集约利用状况的指标也有所不同，故中观层次针对不同功能区土地利用特点分类评价。

微观层次的评价是对某一具体地块的评价，主要对其土地利用强度方面的评价，从影响地块合理容积率高低的因素入手，测算地块合理的可允许最大容积率，进一步以地块集约利用合理容积率为标准计算地块的建筑容积潜力。

指标体系应分别根据城镇总体、某一区域和具体地块三个不同空间层次土地集约利用特征进行设计。评价指标体系应与集约利用的内涵保持一致，但对不同层次空间范围的评价，三个方面指标选择的侧重点有所不同。宏观评价的指标体系较全面；中观某一区域的评价指标体系着重反映土地的投入与产出方面，如土地利用率、土地生产率等经济效益的指标；微观具体地块评价指标体系重点应反映集约利用程度方面的指标。

三、评价指标体系的建立

城镇土地集约利用潜力评价指标体系是一个有机的动态复合系统，这个系统基本涵盖了城镇土地利用纵横两方面的内容，比较全面地反映了城镇土地利用的潜力和可持续发展的能力，比较客观地体现了城镇土地集约利用的内在功能。对于城镇土地集约利用潜力评价的理论研究及指标评价起步较晚，至今未形成一套公认的权威的指标体系。一般根据评价类型，从宏观、中观、微观三方面设计评价指标体系。

（一）宏观层次总体评价指标体系设计

宏观层次指标体系着重反映城镇土地集约利用的总体状况，并综合、全面地反映城镇土地集约利用的各个方面，包括土地集约利用约束程度、土地集约利用程度和土地集约利用趋势三个项目层。

1. 土地集约利用约束程度

土地集约利用约束程度指标不直接反映土地利用的投入产出效益，但它是实现土地集约利用必须克服的因素。土地集约利用约束程度主要包括土地利用结构、用地布局、环境生态三个影响因素。其中，土地利用结构包括城镇性质与级差地租两个影响因子，环境生态包括城镇后备土地资源数量、环境污染状况、城镇环境质量三个影响因子。

2. 土地集约利用程度

土地集约利用程度从土地集约利用的本意出发，反映城镇的经济发展水平，即从土地投入程度、土地利用程度和土地利用效率方面设计相应的指标。根据国土资源部"城镇土地集约利用潜力评价技术方案"，土地投入程度包括总投入、基础设施投入、劳动投入、区域内公共设施完善程度4个影响因子；土地利用程度包括土地闲置率、人口负荷和土地利用强度3个影响因子；土地利用效率包括土地经济产出和土地间接产出两个因子。

3. 土地集约利用趋势

土地集约利用趋势从土地集约利用的动态发展趋势出发设计相应的指标体系。影响土地集约利用发展趋势的因子主要有人口与用地增长弹性系数、投入与用地增长弹性系数、产出与用地增长弹性系数三个因子。

根据国土资源部"城镇土地集约利用潜力评价技术方案"，城镇土地集约利用宏观评价指标体系见表3-1，不同的城镇可以根据具体情况选择具体的评价指标。

表3-1   城镇土地集约利用宏观评价指标体系表

评价内容	影响因素	影响因子	评价指标
土地集约利用约束程度	土地利用结构	城镇性质	城镇性质与用地结构是否协调
		级差地租	一、二级地价区中工业仓储用地比重
	用地布局	用地布局紧凑程度	土地利用率
	环境生态	环境污染状况	郊区人均耕地占有量
			环境污染指数
		城镇环境质量	绿化覆盖率
		城镇后备土地资源供应	城镇用地可持续发展年数

续表

评价内容	影响因素	影响因子	评价指标
土地集约利用程度	土地投入程度	区域内公共设施完善程度	单位用地所拥有的教育、医疗、金融、商业、文化娱乐设施数量、等级和规模
		基础设施投入	单位面积基础设施投入
		总投入	单位用地固定资产投入
		劳动投入	单位面积职工人数
	土地利用程度	土地利用强度	容积率
		人口负荷	人均用地
			人口密度
		土地闲置率	土地闲置率
	土地利用效率	土地经济产出	单位面积工业产值
			单位面积二三产业 GNP
			单位面积利税
			单位面积营业额
		土地间接产出	基准地价
土地集约利用趋势	土地集约利用发展趋势	人口与用地增长弹性系数	城镇人口与用地弹性系数
		投入与用地增长弹性系数	建设固定资产投资与用地增长弹性系数
		产出与用地增长弹性系数	二三产业 GNP 与用地增长弹性系数

（二）中观层次区域评价指标体系设计

中观层次主要以城市功能区为对象，侧重从城市用地的功能差异——居住区、工业区、商业服务区，评价不同潜力区土地的使用效率和潜力。中观层次潜力区评价指标体系侧重于土地集约利用程度的指标，且这些指标对于具体区域应有针对性，所谓针对性有两方面的含义：一是选择的指标只反映具体潜力区的土地利用集约利用状况，指标参数也仅指具体潜力区的情况，一些影响全市集约利用整体状况的土地利用结构、土地资源配置机制在总体评价指标体系中已经得到体现，潜力区评价不再考虑。二是对于商业、住宅、工业等不同类型功能区，反映土地集约利用状况的指标应有所不同，评价体系分商业、住宅、工业等不同类型应分别设计指标体系（见表3-2）。

表3-2　　　　　　　　中观层次潜力区评价指标体系

功能区	评价指标		含义
居住区	容积率		居住建筑面积与所用地块面积比（%）
	建筑密度		居住区内建筑基底总面积与居住区用地总面积比（%）
	土地价格实现程度		评价单元土地实际价格与机会成本比值（%）
	土地闲置率		评价单元土地闲置面积与总面积比（%）
	人口密度		每公顷居住区用地上容纳人口数量（人/公顷）
	绿地率		居住区用地范围内各类绿地的总和占居住用地的比率（%）
商业区	市场区	容积率	商业建筑面积与所用地块面积比（%）
		建筑密度	商业区内建筑基底总面积与居住区用地总面积比（%）
		专业市场成交额	单位市场营业面积的年成交额（万元/平方米·年）
		土地价格实现程度	评价单元土地实际价格与机会成本比值（%）
		土地闲置率	评价单元土地闲置面积与总面积比（%）
	涉外宾馆入住率		单元涉外宾馆的年平均的客房出租率（%）
工业区	容积率		工业建筑面积与所用地块面积比（%）
	建筑密度		工业区内建筑基底总面积与居住区用地总面积比（%）
	地均工业产值		单位工业用地上所创造的产值（万元/公顷·年）
	工业用地系数		工业区内工业用地面积与工业区面积比（%）
	土地出让价格增值收益率		土地增值收益与成本价格的比率（%）
	土地闲置率		评价单元土地闲置面积与总面积比（%）

（三）微观层次地块评价指标体系设计

微观层次的地块评价指标体系设计主要从两个方面考虑：一是反映土地本身集约利用状况的指标如容积率、建筑密度、建筑间距、层高与间距比；二是考虑地块间集约利用对相互影响，选择对相邻地块影响程度和与区域环境协调程度2个指标（见表3-3）。

表 3 - 3　　　　　　　　　**微观层次评价指标体系设计表**

功能类型	评价指标
居住区	容积率
	建筑密度
	建筑间距
	层高与间距比
	对相邻地块影响程度
	与区域环境协调程度
商业区	容积率
	建筑密度
	建筑间距
	对相邻地块影响程度
	与区域环境协调程度
工业区	容积率
	建筑密度
	建筑间距
	对相邻地块影响程度
	与区域环境协调程度

第四节　河北省城市土地集约利用总体评价

一、评价对象

本次河北省城市土地集约利用评价工作共涉及河北省所辖的石家庄、唐山、秦皇岛、邯郸、邢台、张家口、承德、廊坊、沧州、保定和衡水 11 个地级市，22 个县级市中心建成区范围内的所有土地。

二、评价思路

以城市主城区为评价对象，从河北省城市（包括地级市和县级市）土地利用现状分析入手，在全面分析影响、制约城市土地集约利用主要因素（如土地利用结构、土地后备资源供应和环境生态）及反映土地集约利用程度的因素（如土地利用效率、土地利用强度和土地投入强度等）基础上按照前述的评价原则建立河北省城市土地集约利用总体评价因素及指标体系，并进一步根据不同评价指标特征及条件，从国内同类城市指标值、国家或地方相关标准、城市现代化相关标准、典型区域相关指标及理想值标准等方面确定各指标的集约利用合理值，并以确定的合理值为依据对指标进行评价量化。在指标评价的基础上，建立集约化指数多目标综合评价模型，定量反映河北省城市土地利用状况与合理集约利用状况的接近程度。为便于比较和考虑资料的可获性，总体评价范围以城市规划和土地利用规划确定的建成区范围为依据，城市各项统计资料大部分采用市区范围的数据，个别项目由于资料限制，采用全市指标。

三、评价指标体系的建立

由于本次评价主要是从宏观总体上对河北省不同层次城市土地集约利用潜力进行评价，因此基本上采用一个指标体系，但由于国家对不同层次城市的规划和发展要求不同，因而评价标准有所不同。评价指标体系着重反映河北省城市土地集约利用的总体状况，并综合、全面反映城市土地集约利用的各个方面。它一方面要反映土地集约利用的共性，另一方面要体现具体城市土地利用的特征。因此，本次评价河北省城市土地集约利用宏观整体评价在构建评价指标体系时应遵循以下原则：

（一）全面性和整体性原则

宏观城市土地集约利用评价是从整体上对城市进行认识和评价，包括人口、经济、环境、资源等多方面内容。对区域内多个城市的评价侧重于城市的总体发展水平，设计的指标体系能反映城市土地集约利用内涵的主要方面和内在联系。

（二）前瞻性和指导性原则

任何统计指标的设置都是为了做进一步的统计比较和分析，这就涉及统计调查、资料整理及进一步计算分析的问题。因此，资料的易得性和可比性十分重要。但城市土地集约利用是一个全新的概念，它要求有新的理念和创造性，并结合现状尤其是未来的发展作全新的设计，要有预见性。

（三）动态性和先进性原则

一般情况下，静态研究是设置指标体系的基础，但在城市土地集约利用的问题上，需要做更多的动态研究。指标项的确定，既要从现实情况出发，考虑数据资料的可获得性，又要看到发展的趋势，考虑选项的先进性。指标值的确定既要参照国际、国内先进城市的数据，又要考虑城市的可能性、可行性。

（四）导向性和规范性原则

设计和构建城市土地集约利用潜力评价指标体系设计，是为评估、模拟城市土地利用的现实水平和未来发展方向服务，更重要的是从土地利用是一个动态过程这一界定出发来描述应从哪几个领域、以哪几个指标为参照去揭示影响城市土地利用进程的制约因素，探寻城市土地集约利用的发展规律。同时，也有利于实际工作部门以这些指标为参照指导和安排工作规划。

（五）共性和可比性原则

对区域内多个城市的评价，主要是对具有某些共性特征的城市在某一时期的用地状态进行横向对比，因此指标体系必须从共性角度出发，避免个性指标，选择多数城市共同拥有的指标，增强城市之间横向对比的实践意义。

（六）指示性和独立性原则

指标的繁杂并不一定能增强评价结果的可信度，重要的是要看指标对评价目标的贡献度及其与相关指标的联动程度。因此指标体系中应该排除密切相关的指标，只有选用相互独立的指标才能获得最优的评价方案。

（七）可操作性原则

评价指标并不是越多越好，另外片面追求系统状态的完整描述，都会增加指标获取的难度，造成指标体系缺乏实用性。因此，指标体系的选择应考虑数据收集的难易程度，统计数据的连贯性及真实性，保证数据的可采集性。

河北省城市土地集约利用潜力评价指标体系包括土地集约利用约束程度、土地集约利用程度和土地集约利用趋势 3 个项目层。

1. 土地集约利用约束程度

土地集约利用约束程度指标不直接反映土地利用的投入产出效益，但它是实现土地集约利用必须克服的因素。土地集约利用约束程度因素主要包括土地利用结构和布局、环境生态、城市后备土地资源供应和基础设施水平四个方面，根据数据获得的可行性原则，结合河北省城市实际状况，土地利用结构与布局以城市性质与用地结构是否协调为评价指标；环境生态选取水污染状况和绿化状况两个影响因子，分别以地均年污水排放量和绿化覆盖率为评价指标；城市后备土地资源供应选取人均耕地状况影响因子，以人均耕地拥有量为评价指标；基础设施水平选取人均道路状况影响因子，以人均拥有道路面积为评价指标。

2. 土地集约利用程度

土地集约利用程度从土地集约利用的本意出发，反映城市的经济发展水平，即从土地投入程度、土地利用程度和土地利用效率设计相应的评价指标。根据国土资源部"城市土地集约利用潜力评价技术方案"，考虑到数据获得的可行性，土地投入程度选择建设投资、基础设施投入、总投入和劳动投入四个影响因子，分别以地均年建设投资、地均年基础设施投资、单位用地固定资产投入、单位面积职工人数为评价指标；土地利用程度指标选取土地利用状况、人均用地情况和土地闲置状况三个影响因子，分别以土地闲置率、人均城市用地、土地利用率为评价指标；土地利用效率指标选取土地经济产出和土地间接产出两个影响因子，分别以地均工业产值、地均年二三产业 GDP 和基准地价为评价指标。

3. 土地集约利用趋势

土地集约利用趋势从土地集约利用动态发展趋势出发设计对应的指标体系。反映土地集约利用动态发展趋势的指标一般包括城市人口与用地弹性系数、固定资产投入与用地弹性系数、基础设施投入与用地弹性系数等方面。但考虑到数据获得的可行性，本次河北省土地集约利用潜力评价只选择城市人口与用地弹性系数指标作为土地集约利用动态发展趋势的评价指标。具体评价指标体系，详见表3－4。

表3－4 城市土地集约利用评价因素表

评价内容	影响因素	影响因子	评价指标	单位
土地集约利用约束程度	土地利用结构与布局	城市性质	城市性质与用地结构是否协调	
	环境生态	水污染状况	地均年污水排放量	万立方米/年·公顷
		绿化状况	绿化覆盖率	%
	城市后备土地资源供应	人均耕地状况	人均耕地占有量	亩/人
	基础设施水平	人均道路状况	人均拥有道路面积	平方米/人
土地集约利用程度	土地投入程度	建设投资	地均年建设投资	万元/年·平方米
		基础设施投入	地均年基础设施投资	万元/年·公顷
		总投入	单位用地固定资产投入	万元/·公顷
		劳动投入	单位面积职工人数	人/年·公顷
	土地利用程度	土地利用状况	土地利用率	%
		人均用地情况	人均城市用地	平方米/人
		土地闲置状况	土地闲置率	%
	土地利用效率	土地经济产出	地均工业产值	万元/公顷
			地均年二三产业GDP	万元/公顷
		土地间接产出	基准地价	元/平方米
土地集约利用趋势	土地集约利用发展趋势	人口与用地增长弹性系数	城市用地增长弹性系数	数据比值

四、评价指标权重确定

因素权重评价就是要确定各指标对土地集约利用水平的贡献程度，本项工作采用成对比较法和特尔斐法相结合确定指标权重。

（一）成对比较法权重测定

因素成对比较法是通过因素间成对比较，对比较结果进行赋值、排序。为减少判断过程的难度首先分三个层次分别确定项目层、因素层和因子层，分别确定对应上一层目标的权重，然后进行综合运算确定各层指标对总目标——集约化综合指数的权重。

1. 项目层权重测定

根据指标特征将指标分为约束程度、利用程度和利用趋势 3 个项目。成对比较法比较结果详见表 3 - 5。

表 3 - 5　　　　　　　　　　　　项目层权重比较表

项目层比较值	约束程度	利用程度	利用趋势	虚拟因素	比较值合计	权重
约束程度		0	1	1	2	0.3333
利用程度	1		1	1	3	0.50
利用趋势	0	0		1	1	0.1667
虚拟因素	0	0	0		0	0

2. 因素层权重测定

根据土地集约利用约束程度特征将指标分为土地利用结构和布局、环境生态、城市后备土地资源数量、基础设施水平 4 个因素。成对比较法比较结果详见表 3 - 6。

表 3 - 6　　　　　　　　　土地集约利用约束程度因素层权重值表

因素层比较值	土地利用结构和布局	环境生态	城市后备土地资源数量	基础设施水平	虚拟因素	比较值合计	权重
土地利用结构和布局		1	1	0.5	1	3.5	0.35
环境生态	0		0.5	1	1	2.5	0.25
城市后备土地资源数量	0	0.5		0	1	1.5	0.15
基础设施水平	0.5	0	1		1	2.5	0.25
虚拟因素	0	0	0	0		0	0

根据土地集约利用程度特征将指标分为投入程度、利用程度和利用效率 3 个因素。比较结果详见表 3 - 7。

表 3 – 7　　　　　　　　　　土地集约利用程度因素层权重值表

因素层比较值	投入程度	利用程度	利用效率	虚拟因素	比较值合计	权重
投入程度		1	1	1	3	0.5
利用程度	0		0.5	1	1.5	0.25
利用效率	0	0.5		1	1.5	0.25
虚拟因素	0	0	0		0	0

3. 因子层权重测定

见表 3 – 8 ~ 表 3 – 11。

表 3 – 8　　　　　　　　　　环境生态因子权重值表

因子比较值	地均年污水排放量	绿化覆盖率	虚拟因素	比较值合计	权重
地均年污水排放量		0	1	1	0.3333
绿化覆盖率	1		1	2	0.6667
虚拟因素	0	0		0	0

表 3 – 9　　　　　　　　　土地投入程度因子层权重值表

因素比较值	地均年建设投资	地均年基础设施投入	单位用地固定资产增加额	单位面积职工人数	虚拟因素	比较值合计	权重
地均年建设投资		0.5	1	1	1	3.5	0.35
地均年基础设施投入	0.5		1	0.5	1	3	0.3
单位用地固定资产增加额	0	0		1	1	2	0.2
单位面积职工人数	0	0.5	0		1	1.5	0.15
虚拟因素	0	0	0	0		0	0

表 3 – 10   土地利用程度因子层权重值表

因素比较值	土地利用率	人均城市用地	土地闲置率	虚拟因素	比较值合计	权重
土地利用率		1	1	1	3	0.5
人均城市用地	0		0.5	1	1.5	0.25
土地闲置率	0	0.5		1	1.5	0.25
虚拟因素	0	0	0		0	0

表 3 – 11   土地利用效率因子层权重值表

因素比较值	地均工业产值	地均年二三产 GDP	基准地价	虚拟因素	比较值合计	权重
地均工业产值		0	0.5	1	1.5	0.25
地均年二三产业 GDP	1		0.5	1	2.5	0.4167
基准地价	0.5	0.5		1	2	0.3333
虚拟因素	0	0	0		0	0

4. 成对比较法综合权重确定

各层指标的综合权重表示各层指标对集约化综合指数的重要程度，等于指标权重与其上级各层指标权重的乘积。用成对比较法确定各评价指标的综合权重见表 3 – 12。

表 3 – 12   各项目层及因素因子综合权重值表（成对比较法）

评价内容	权重	影响因素	权重	评价指标	权重
土地集约利用约束程度	0.3333	土地利用结构与布局	0.1167	城市性质	0.1167
		环境生态	0.0833	地均年污水排放量	0.0278
				绿化覆盖率	0.0556
		城市后备土地资源供应	0.05	人均耕地占有量	0.05
		基础设施水平	0.0833	人均拥有道路面积	0.0833

续表

评价内容	权重	影响因素	权重	评价指标	权重
土地集约利用程度	0.5000	土地投入程度	0.2500	地均年建设投资	0.0875
				地均年基础设施投入	0.075
				单位用地固定资产增加额	0.05
				单位面积职工人数	0.0375
		土地利用程度	0.1250	土地利用率	0.0625
				人均城市用地	0.0313
				土地闲置率	0.0313
		土地利用效率	0.1250	地均工业产值	0.0313
				地均年二三产业 GDP	0.0521
				基准地价	0.0417
土地集约利用趋势	0.1667	土地集约利用发展趋势	0.1667	城市用地增长弹性系数	0.1667

（二）特尔斐法权重测定

特尔斐法权重确定采用两轮征询。第一轮征询主要检验因素因子体系是否符合实际，然后确定各因素因子的权重值变化范围；第二轮征询是在第一轮权重测定意见征询结果基础上，根据总体意见的倾向和分散程度来修改前一轮的评估意见。对各专家第二轮权重测定结果再次进行数理统计分析，确定因素因子的派生特尔斐法权重值，见表 3 – 13。

表 3 – 13　　　　各项目层及因素因子综合权重值表（特尔斐法）

评价内容	权重	影响因素	权重	评价指标	权重
土地集约利用约束程度	0.2120	土地利用结构与布局	0.0759	城市性质	0.0759
		环境生态	0.0128	地均年污水排放量	0.0042
				绿化覆盖率	0.0086
		城市后备土地资源供应	0.0462	人均耕地占有量	0.0462
		基础设施水平	0.0771	人均拥有道路面积	0.0771

评价内容	权重	影响因素	权重	评价指标	权重
土地集约利用程度	0.5908	土地投入程度	0.2174	地均年建设投资	0.0423
				地均年基础设施投入	0.0808
				单位用地固定资产增加额	0.0798
				单位面积职工人数	0.0145
		土地利用程度	0.1868	土地利用率	0.0933
				人均城市用地	0.0624
				土地闲置率	0.0312
		土地利用效率	0.1866	地均工业产值	0.0726
				地均年二三产业 GDP	0.0865
				基准地价	0.0275
土地集约利用趋势	0.1969	土地集约利用发展趋势	0.1969	城市用地增长弹性系数	0.1969

（三）河北省城市土地集约利用潜力评价指标权重值

综合成对比较法和特尔斐法的权重测定结果，得出河北省城市土地集约利用潜力评价指标最终权重值，见表 3 - 14。

表 3 - 14　　　　　城市土地集约利用评价指标权重值表

评价内容	权重	影响因素	权重	评价指标	权重
土地集约利用约束程度	0.2727	土地利用结构与布局	0.0963	城市性质与用地结构是否协调	0.0963
		环境生态	0.0481	地均年污水排放量	0.0160
				绿化覆盖率	0.0321
		城市后备土地资源供应	0.0481	人均耕地占有量	0.0481
		基础设施水平	0.0802	人均拥有道路面积	0.0802

续表

评价内容	权重	影响因素	权重	评价指标	权重
土地集约利用程度	0.5455	土地投入程度	0.2337	地均年建设投资	0.0649
				地均年基础设施投入	0.0779
				单位用地固定资产投入	0.0649
				单位面积职工人数	0.0260
		土地利用程度	0.1559	土地利用率	0.0779
				人均城市用地	0.0468
				土地闲置率	0.0312
		土地利用效率	0.1558	地均工业产值	0.0519
				地均年二三产业 GDP	0.0693
				基准地价	0.0346
土地集约利用趋势	0.1818	土地集约利用发展趋势	0.1818	城市用地增长弹性系数	0.1818

五、评价指标集约利用合理值的确定及因子指标分值计算

评价指标集约利用合理值的确定主要根据不同指标特征及条件，从国内同类城市指标值、国家或地方相关标准、城市现代化相关标准、典型区域相关指标及公众调查等 6 个方面考虑。评价指标体系分值的划分见表 3 - 15。

表 3 - 15　　　　　　　　　评价指标体系分值划分表

指标划分标准 ＼ 分值	城市级别	1	0.8	0.6	0.4	0.2	单位
地均年污水排放量	地级市 县级市	≤1 ≤0.4	1~1.5 0.4~0.6	1.5~2 0.6~0.8	2~2.5 0.8~1	>2.5 >1	万立方米/年·公顷
建成区绿化覆盖率	地级市 县级市	≥39.59 ≥33	35~39.59 29~33	32~35 25~29	28~32 20~25	<28 <20	%
人均耕地占有量	地级市 县级市	≥0.8 ≥1.07	0.6~0.8 1.07~0.9	0.4~0.6 0.7~0.9	0.2~0.4 0.4~0.7	<0.2 <0.4	亩/人

指标划分标准 分值	城市级别	1	0.8	0.6	0.4	0.2	单位
人均拥有道路面积	地级市 县级市	≥12 ≥9	10~12 7.5~9	8~10 6.5~7.5	6~8 5~6.5	<6 <5	平方米/人
地均年建设投资	地级市 县级市	≥25 ≥15	21~25 12~15	17~21 10~12	12~17 7~10	<12 <7	万元/年·公顷
地均年基础设施投入	地级市 县级市	≥30 ≥15	25~30 12~15	20~25 9~12	15~20 6~9	<15 <6	万元/年·公顷
单位用地固定资产增加额	地级市 县级市	≥15 ≥10	12~15 8~10	9~12 6~8	6~9 4~6	<6 <4	万元/公顷
单位面积职工人数	地级市 县级市	≥36 ≥26	31~36 23~26	26~31 20~23	21~26 17~20	<21 <17	人/年·公顷
土地利用率	全省	1	0.9~1	0.8~0.9	0.7~0.8	<0.7	%
人均城市用地	地级市 县级市	90~100, 100~120	80~90 或 100~120, 90~100 或 120~130	70~80 或 >120, 80~90 或 130~140	60~70, 70~80 或 140~150	<60, <70 或 >150	平方米/人
土地闲置率	全省	0	0~0.05	0.05~0.1	0.1~0.15	>0.15	%
地均工业产值	地级市 县级市	≥80 ≥30	65~80 25~30	50~65 20~25	40~50 10~20	<40 <10	万元/公顷
地均年二三产业GDP	地级市 县级市	≥60 ≥10	48~60 8~10	36~48 6~8	24~36 4~6	<24 <4	万元/公顷
基准地价	地级市 县级市	≥2500 ≥1200	2000~2500 900~1200	1600~2000 700~900	1200~1600 500~700	<1200 <500	元/平方米
用地弹性系数	全省	≤1.12	1.12~2	2~3	3~4	>4	数据比值

（1）以国内同类城市指标值作为评价标准，集约利用评价结果反映在我国目前的技术条件下，具体城市土地集约利用与国内一般状况的比较值。具体评价标准最简单的方法是以同类城市指标平均值作为标准，以具体城市的对应指标与平均值进行比较，辅以标准差等指标判断具体城市土地集约利用程度。可作为比较标准的指标包括三个方面：一是同类城市平均值；二是以同类排名前60%位的城市的平均值作为比较标准；三是以同类城市最高值作为比较标准。

（2）以国家或地方相关标准作为比较标准，体现的是国家对一定时期土地利用预期希望达到的目标，与以国内同类城市指标值作为比较标准相比有一定的前瞻性，充分体现土地利用的合法性。评价指标达到相关标准即可认为该指标达到合法或集约利用标准。进一步可根据评价指标与国家或地方标准的差距划分集约、适度、低度、过度利用标准。

（3）以城市现代化指标标准值作为比较标准，城市现代化指标值标准一般是以发达国家的相关指标作为依据，反映的是基于发达国家技术水平条件下的土地集约利用状况，与我国目前的技术水平存在一定差距，故其指标标准一般只能作为参考。

（4）以典型区域相关指标作为比较标准，对于少数用上述方法无法确定比较标准，或确定的比较标准明显不合理时，考虑采用典型区域相关指标作为比较标准。具体方法是首先选择若干典型区域，通过专家咨询和公众调查综合各方面意见明确确定比较标准。

（5）以理想化值作为比较标准，即以某项指标的绝对最优值作为标准，并且这个绝对最优值在目前的技术条件下可以达到或逼近，如土地闲置率。

具体评价指标选择什么样的标准，由指标本身的特点所决定，有的指标可综合参考两种以上评价标准。

河北省城市土地集约利用潜力评价指标分值的确定，主要参考国内外的现状、国家相关规定及河北省省内实际情况，首先确定各项指标集约利用的合理值，指标分值为1，然后把各项指标划分为5个等级，每个级别分别赋值1、0.8、0.6、0.4、0.2，最后确定各级别城市每项指标的指标分值。

（一）　土地利用结构和布局

土地利用结构和布局反映土地集约利用整体配置水平和结构效率，评价和选择城市性质反映土地利用结构对土地集约利用的约束程度，用城市性质与用地结构协调度评价指标表示。

城市性质即城市的主要功能、性质如何，其相应功能的用地必然占城市总用地的比重相对较高；城市主要功能的发挥也有赖于其他功能用地的合理与协调。因此，该项指标可从城市建设用地结构和人均单项建设用地指标来进行比较分析，确定用地结构是否与城市性质协调一致以及尚存在哪些问题，即判断城市土地利用结构对城市功能及土地利用效益发挥的约束程度。

此指标参考国家标准数据为《城市用地分类标准与规划建设用地标准（GB50137—2011）》，综合考虑各市建设用地的分类面积，确定指标分值，符合此标准的为城市用地结构与性质协调，指标分值为1，见表3-16。

表3-16　　　　　　　　　　建设用地规划标准

类别名称	占建设用地的比例（%）
居住用地	25~40
工业用地	15~30
公共管理与公共服务设施用地	5~8
道路与交通设施用地	10~25
绿地与广场用地	10~15

（二）环境生态

城市是多种功能的综合体，城市土地的合理集约利用应保证环境的优化，以及城市社会、经济、环境效益总体的提高，因此环境生态因素是土地集约利用评价的重要方面。本次评价选用污水年排放量和建成区绿化覆盖率来反映环境生态状况。

1. 地均年污水排放量

污水排放总量指生活污水、工业废水的排放总量，包括从排水管道和排水沟（渠）排出的污水量。本次河北省城市土地集约利用评价，采用地均年污水排放量指标，数值的大小反映了城市在人口、规模和污染程度等方面的差异。以污水年排放量≤1万立方米/年·公顷为地级市集约利用合理值，以污水年排放量≤0.4万立方米/年·公顷为县级市集约利用合理值。地级市地均污水年排放量1~1.5分值（县级市0.4~0.6）为0.8；地级市1.5~2（县级市0.6~0.8）分值为0.6；地级市2~2.5（县级市）0.8~1）分值为0.4；地级市＞2.5（县级市＞1）分值为0.2。

2. 绿化覆盖率

绿地率与绿化覆盖率都是衡量城市绿化状况的经济技术指标，但不能等同视之。绿地率是指城市各类绿地（含公共绿地、居住区绿地、单位附属绿地、防护绿地、生产绿地、风景林地等六类）总面积占城市面积的比率，城市绿地率（％）＝（城市六类绿地面积之和÷城市总面积）×100％，城市绿地率标准高［即使是级别最低的零散块状、带状公共绿地也要求宽度不小于8米，面积不小于400平方米，该用地范围内的绿化面积不少于总面积的70％（含水面），至少要有1/3的绿地面积要能常年受到直接日照，并要增设部分休闲娱乐设施］；绿化覆盖率是指城市绿化覆盖面积占城市面积比率，城市绿化覆盖率（％）＝（城市内全部绿化种植垂直投影面积÷城市面积）×100％。此次评价工作选用绿化覆盖率指标来反映评价区域内的绿化状况。

据住房和城乡建设部计划财务外事司编制的《2012年城市、县城和村镇建设统计年报（分省数据）》显示，截至2012年年末，全国城市绿化覆盖面积达2747866公顷，其中城市建成区绿化覆盖面积达1812488公顷、建成区绿化覆盖率39.59％。11个地级市要以美化城市环境，提高城市的整体素质和市民生活质量，促进城市可持续发展为目标，因此取全国平均平均39.59％为地级市集约利用合理值，县级市取≥33％为集约利用合理值。地级市绿化覆盖率指标≥39.59％、35％～39.59％、32％～35％、28％～32％、<28％，县级市绿化率覆盖率指标≥33％、29％～33％、25％～29％、20％～25％、<20％分值分别为1、0.8、0.6、0.4、0.2。

（三）城市后备土地资源供应状况

城市后备土地资源供应因素反映城市化过程中，土地资源对于不合理的城市扩张在土地供给方面的约束程度。具体评价指标选择人均耕地状况，以人均耕地占有量指标反映。城市发展占用一定数量的耕地是必然趋势，但城市发展也必须考虑到吃饭问题，保持一定数量的耕地，从而保持一定区域内的粮食安全，耕地资源的多少直接制约城市的扩展及集约利用。河北省城市后备土地资源供应状况采用人均耕地占有量指标，其评价公式为

$$C = S/R$$

式中：C——人均耕地占有量；

　　　S——耕地面积；

　　　R——总人口。

人类生存对耕地最低需求量，联合国规定的警戒线为0.8亩/人，采用

全市总耕地面积与城市人口的比值，综合分析以人均耕地≥0.8亩作为城市后备土地资源集约利用合理值，指标分值为1；人均耕地0.6～0.8、0.4～0.6、0.2～0.4、<0.2分值分别为0.8、0.6、0.4、0.2。县级市取≥1.07亩/人作为合理值，人均耕地1.07～0.9、0.7～0.9、0.4～0.7、<0.4分值分别为0.8、0.6、0.4、0.2。

（四）基础设施水平

基础设施状况是一个城市功能正常发挥的前提条件，其投入程度高低、设施配套度对城市各项功能发挥的好坏起重要作用，城市功能发挥的越好，城市的经济、社会和环境生态效益就越好，从而有利于提高土地的集约利用程度。本次河北省城市土地集约利用评价选择人均道路状况因子，具体指标选择城市人均拥有道路面积进行评价。

参照国际上现代化城市人均拥有道路面积12平方米作为集约利用的合理值，指标分值为1。地级市人均10～12、8～10、6～8、<6平方米分值分别为0.8、0.6、0.4、0.2。县级市取≥9平方米/人作为集约利用合理值。县级市人均7.5～9、6.5～7.5、5～6.5、<5平方米分值分别为0.8、0.6、0.4、0.2。

（五）土地投入程度

土地投入程度是一个非常广泛的概念，包括年总投入、基础设施投入、劳动力投入等各个方面，考虑到资料的可获性及各种投入指标之间的相关性，本次河北省城市土地集约利用潜力评价选择地均年建设投资、地均年基础设施投入、单位用地固定资产增加额和地均劳动投入4个指标。土地的投入量越大，一般反映出城市土地的集约化程度越高。其集约利用合理值理论上应是土地边际投入等于边际产出时的投入值，低于这个值随着投入的增多，土地产出效率上升，超过这个值时，随着土地投入的增加，土地产出效率反而会下降。综合考虑我国目前城市投入水平偏低，没有资料显示我国城市存在过度投入现象。

不同的投入程度可反映出不同的城市发展规模，因此，不同级别的城市采取不同的评价标准。本项因素的4个指标分别取河北省各级别城市的平均值作为集约利用的合理值。

1. 地均年建设投资

地均年建设投资以近 5 年内某城市年均建设投资额反映，由于资料的可获性，以 2011 年城市建设投资额来代替，根据省内各级别城市的平均值，取≥25 万元/年·公顷作为地级市集约利用合理值，取≥15 万元/年·公顷作为县级市集约利用合理值。地级市≥25、21～25、17～21、12～17、＜12 万元/年·公顷指标分值分别为 1、0.8、0.6、0.4、0.2。县级市≥15、12～15、10～12、7～10、＜7 万元/年·公顷指标分值分别为 1、0.8、0.6、0.4、0.2。

2. 地均年基础设施投入

地均年基础设施投入以 2011 年单位用地实际完成投资额来反映，根据省内各城市的平均值，取≥30 万元/年·公顷作为地级市集约利用合理值，取≥15 万元/年·公顷作为县级市集约利用合理值。地级市≥30、25～30、20～25、15～20、＜15 万元/年·公顷指标分值分别为 1、0.8、0.6、0.4、0.2。县级市≥15、12～15、9～12、6～9、＜6 万元/年·公顷指标分值分别为 1、0.8、0.6、0.4、0.2。

3. 单位用地固定资产增加额

据省内各级别城市的平均值，单位用地固定资产增加额取≥15 万元/年·公顷作为地级市集约利用合理值，县级市≥10 万元/年·公顷作为集约利用合理值。以地级市≥15、12～15、9～12、6～9、＜6 万元/年·公顷指标分值分别为 1、0.8、0.6、0.4、0.2。县级市≥10、8～10、6～8、4～6、＜4 万元/年·公顷指标分值分别为 1、0.8、0.6、0.4、0.2。

4. 地均劳动投入

地均劳动投入以单位面积职工人数来反映，包括普通中学、普通小学和医院、卫生院的工作人数，综合考虑河北省城市现状，取≥36 人/年·公顷作为地级市集约利用合理值，≥26 人/年·公顷作为县级市集约利用合理值。地级市≥36、31～36、26～31、21～26、＜21 人/年·公顷指标分值分别为 1、0.8、0.6、0.4、0.2。县级市≥26、23～26、20～23、17～20、＜17 人/年·公顷指标分值分别为 1、0.8、0.6、0.4、0.2。

（六）土地利用程度

土地利用程度是反映土地集约利用程度的最直接也是最重要的因素，评价指标从两方面考虑：一是选择反映土地人口负荷和土地利用情况指标，如土地利用率、人均城市用地等；二是选择反映土地闲置状况的指标，如土地闲置率。

1. 土地利用率

土地利用率的大小按建成区内建设用地的面积除以城市建成区面积计算，计算公式为

$$F_1 = S_现 / S_建$$

式中：F_1——土地利用率；

$S_现$——2011 年建成区内建设用地的面积；

$S_建$——城市建成区用地面积。

根据土地利用率的含义，土地利用率合理集约值以理想值 1 作为两个级别城市的评价标准。根据河北省建设厅《2011 年河北省城市和县城建设统计年报》数据，建设用地面积超出建成区用地面积的按建成区全部得到利用计算，土地利用率为 1。土地利用率指标为 1、0.9～1、0.8～0.9、0.7～0.8、<0.7 分值分别为 1、0.8、0.6、0.4、0.2。

2. 人均城市用地

人均城市用地是指建成区人口与建成区面积比，计算公式为

$$F_2 = S_现 / P$$

式中：F_2——人均城市用地；

$S_现$——2011 年建成区内建设用地面积；

P——2011 年城市人口。

按照国土资源部要求，我国城市人均建设用地目标严格控制在 100 平方米以内。综合考虑目前全国城市的基本情况，结合河北省现状，人均城市用地取 90～100 平方米作为集约利用的合理值，指标分值为 1，80～90 或100～120、70～80 或 >120、60～70、<60，指标分值分别为 0.8、0.6、0.4、0.2。县级市取 100～120 平方米作为集约利用的合理值，指标分值为 1，90～100 或 120～130、80～90 或 130～140、70～80 或 140～150、<70 平方米或 >150 平方米指标分值分别为 0.8、0.6、0.4、0.2。

3. 土地闲置率

土地闲置率的大小按土地闲置面积除以建成区面积计算，计算公式

$$F_3 = S_{闲}/S_{建}$$

式中：F_3——土地闲置率；

$S_{闲}$——建成区范围土地闲置面积（$S_{闲} = S_{建} - S_{现}$）；

$S_{建}$——城市建设总用地面积。

城市土地闲置现象是有两种情况造成的，一是取得土地使用权后，未及时对土地加以利用，或土地利用率未达到规定要求；二是各种非法批地所造成的闲置状态。大规模的集中占用土地和违法滥用土地，远远超出了经济建设的正常需求和实际可能的开发能力，是以牺牲大量土地资源为代价的。在合理利用条件下不应该产生土地闲置现象，因此土地闲置率以理想值0%作为城市集约利用的合理值。指标0、0～0.05、0.05～0.1、0.1～0.15、<0.15分值分别为1、0.8、0.6、0.4、0.2。

（七）土地利用效率

土地利用效率主要表现在两个方面：一是土地作为其他产业用地生产过程中的产出效率；二是地价水平。具体评价指标选择地均年二三产业 GDP 产出水平、地均工业产值，分别从不同城市产业的角度作为其他产业用地生产过程中的产出效率，选择土地间接产出作为反映各城市地价水平的指标。

土地作为其他产业用地生产过程中的产出效率与土地集约利用的关系非常简明直观，产出效率越高，土地利用越集约。但土地价格与土地集约利用的关系相对复杂，一般情况土地价格与土地利用收益是一致的，此时土地市场交易价格越高土地利用越集约。但由于土地价格的形成除与土地收益相关外，与土地交易市场的供求关系十分密切，有时土地市场交易价格可能会偏离土地收益，过高的土地交易价格可能将影响土地利用的支付能力，可能导致土地的闲置，但我国目前处在计划经济体制向市场经济转轨时期，土地价格尚处在不断显化的过程，没有资料显示我国城市土地价格有过高趋势。

1. 地均工业产值

地均工业产值以单位面积工业产值指标反映，考虑数据的可获得性，单位面积工业产值指标评价以 2011 年全县、市的工业总产值和县、市域面积进行计算作为代替值，公式为

$$J_1 = F/S$$

式中：J_1——地均工业产值；

　　　F——全县、市工业总产值；

　　　S——县、市总土地面积。

综合考虑全省的平均状况，地级市地均工业产值以每公顷≥80万元作为集约利用的合理值，县级市以每公顷≥30万元指标分值为1。65~80、50~65、40~50、<40万元/年·公顷，分值分别为0.8、0.6、0.4、0.2。县级市25~30、20~25、10~20、<10万元/年·公顷，分值分别为0.8、0.6、0.4、0.2。

2. 地均年二三产业GDP产出水平

地均年二三产业GDP产出水平以单位面积第二三产业GDP指标反映，单位面积二三产业GDP指标评价取2009~2011年三年平均值，计算公式为

$$J_2 = \left[\sum (G_2 + G_3)/S_{现} \right] /3$$

式中：J_2——地均年二三产业GDP；

　　　G_2、G_3——近三年二三产业GDP值；

　　　$S_{现}$——当年城市面积。

综合分析河北省城市二三产业GDP现状水平，以每公顷≥60万元作为地级市集约利用的合理值，以每公顷≥10万元作为县级市集约利用的合理值，指标分值为1。48~60、36~48、24~36、<24万元分值分别为0.8、0.6、0.4、0.2。县级市8~10、6~8、4~6、<4万元/公顷分值分别为0.8、0.6、0.4、0.2。

3. 土地间接产出

土地间接产出用基准地价指标来反映，指标的计算公式为

$$J_3 = \left[(\sum S_iM \times S_iP)/S + (\sum Z_iM \times Z_iP)/S + (\sum G_iM \times G_iP)/S \right] /3$$

式中：S_iM——商业用地某级别土地面积；

　　　S_iP——商业用地某级别基准地价；

　　　S——建成区面积；

　　　Z——住宅用地；

　　　G——工业用地。

依据各市、县（市）的基准地价情况，综合考虑河北省城市地价水平状

况，以 ≥2500 元/平方米作为地级市集约利用合理值，以 ≥1200 元/平方米作为县级市集约利用合理值，指标分值为 1。地级市基准地价 2000～2500、1600～2000、1200～1600、<1200 元/平方米分值分别为 0.8、0.6、0.4、0.2。县级市为 900～1200、700～900、500～700、<500 元/平方米分值分别为 0.8、0.6、0.4、0.2。

（八）土地集约利用发展趋势

土地集约利用发展趋势采用城市用地增长弹性系数（城市用地增长率与城市人口增长率之比）指标，具体以 2009～2011 年时间段数据为依据进行计算。计算公式为

$$K = [(S - S_0) \div S_0 \times 100\%]/[(P - P_0) \div P_0 \times 100\%]$$

式中：S——2011 年城市建成区内建设用地的面积；

S_0——2009 年城市建成区内建设用地的面积；

P——2011 年城市人口；

P_0——2009 年城市人口。

土地集约利用发展趋势集约利用合理值主要从两个方面考虑，一是城市规划规范规定的用地标准；二是目前有关专家认同的参数。一般认为随着城市及社会经济的发展、城市功能的增强，人均用地水平应当有所提高。据吴未《城市发展与土地资源利用》有关方面研究，用地增长弹性系数在 1.12 时比较合理，若大于此值，会造成城市占地过多、土地利用率低的缺陷。本次河北省城市土地集约利用潜力评价中的城市用地增长弹性系数指标以 ≤1.12 作为合理值，指标分值为 1；弹性系数指标 1.12～2、2～3、3～4、>4 分值分别为 0.8、0.6、0.4、0.2。

六、总体评价

在单指标评价的基础上，建立土地集约化总体评价，具体公式为

$$A = \sum P_i a_i$$

式中：A——总体评价指标分值；

P_i——i 因素权重值；

a_i——i 因素指标分值。

各个项目层的总体评价指标分值也可以根据公式，由其所包括的低一级因素指标计算得到。

七、评价结果

根据上述分析对河北省城市土地集约利用潜力进行总体评价，得到河北省城市土地集约利用潜力总体评价表，见表 3 – 17。

表 3 – 17　　　　　　　　　　指标分值综合评价级别表

行政单位		土地集约利用的约束程度	土地集约利用程度	土地集约利用趋势	综合分值	级别
地级市	石家庄市	0.22216	0.53796	0.18180	0.94192	1
	唐山市	0.24584	0.30154	0.07272	0.62370	4
	秦皇岛市	0.26384	0.54796	0.14544	0.92724	1
	邯郸市	0.23782	0.48042	0.03636	0.75460	3
	邢台市	0.21854	0.33256	0.18180	0.73290	3
	保定市	0.24460	0.45026	0.10908	0.80394	2
	张家口市	0.17684	0.26112	0.18180	0.61976	4
	承德市	0.19930	0.36766	0.14544	0.71240	3
	沧州市	0.23174	0.33416	0.18180	0.74770	3
	廊坊市	0.29270	0.40154	0.14544	0.83968	2
	衡水市	0.26060	0.49694	0.18180	0.93934	1
县级市	辛集市	0.21818	0.43788	0.18180	0.83786	2
石家庄	藁城市	0.24742	0.47556	0.18180	0.90478	1
	晋州市	0.25066	0.30960	0.14544	0.70570	3
	新乐市	0.23100	0.33310	0.18180	0.74590	3
	鹿泉市	0.24780	0.39036	0.07272	0.71088	3
唐山	遵化市	0.18966	0.33670	0.18180	0.70816	3
	迁安市	0.17648	0.54118	0.10908	0.82674	2
邯郸	武安市	0.20892	0.37798	0.14544	0.73234	3
邢台	南宫市	0.21172	0.33640	0.18180	0.72992	3
	沙河市	0.24138	0.38386	0.10908	0.73432	3

行政单位			土地集约利用的约束程度	土地集约利用程度	土地集约利用趋势	综合分值	级别
县级市	保定	涿州市	0.27668	0.49618	0.10908	0.86194	2
		定州市	0.22532	0.41528	0.03636	0.7070	3
		安国市	0.22816	0.45930	0.14544	0.83290	2
		高碑店市	0.25420	0.48460	0.18180	0.92060	1
	沧州	泊头市	0.26382	0.33114	0.10908	0.70404	3
		任丘市	0.23136	0.39224	0.18180	0.80540	2
		黄骅市	0.24776	0.20132	0.18180	0.63088	4
		河间市	0.23816	0.36168	0.18180	0.78164	3
	廊坊	霸州市	0.24776	0.49896	0.18180	0.92852	1
		三河市	0.28308	0.50720	0.07272	0.86300	2
	衡水	冀州市	0.24098	0.43000	0.03636	0.70734	3
		深州市	0.27024	0.40564	0.14544	0.82132	2

按综合计算值≥0.90、0.80~0.90、0.70~0.80、<0.70 将全省的地级市、县级市和县城划分成 4 个级别，分值从高到低分别对应集约利用、适度利用、低度利用和粗放利用。级别越高，城市土地利用程度越集约，相反，城市土地开发潜力则最小。河北省城市土地集约利用潜力级别见表3-18。

表3-18 **河北省城市土地集约利用潜力级别表**

级别	地级市	县级市
一级	石家庄市、秦皇岛市、衡水市	藁城市、高碑店市、霸州市
二级	保定市、廊坊市	辛集市、迁安市、涿州市、安国市、任丘、三河市、深州市
三级	邯郸市、邢台市、承德市、沧州市	晋州市、新乐市、鹿泉市、武安市、南宫市、河间市、沙河市、定州市、泊头市、冀州市、遵化市
四级	唐山市、张家口市	黄骅市

八、结果分析

（1）将城市土地集约利用综合分值≥0.90的划分为一级，属于集约利用，包括石家庄市、秦皇岛市、衡水市三个地级市和藁城市、高碑店市、霸州市三个县级市，主要分布在东部平原。土地投入产出水平高，土地闲置率低，人均城市用地比较合理；城市用地增长弹性系数较高，说明城市用地扩展与城市人口增长处于均衡发展状态。但城市土地开发潜力则最小，环境质量较差，城市后备资源供应不足，从而影响了总体效益的发挥。

（2）将城市土地集约利用综合计算分值0.80～0.90的划分为二级；属于适度利用，包括保定市、廊坊市两个地级市和辛集市、迁安市、涿州市、安国市、任丘市、三河市、深州市八个县级市。城市用地增长弹性系数总体不低，城市人均用地较宽裕，土地闲置率较低，但城区建筑容积率较低，城市环境有不同程度污染，城市土地开发潜力不是很高。

（3）将城市土地集约利用综合计算分值0.70～0.80的划分为三级，属于低度利用，包括邯郸市、邢台市、承德市、沧州市4个地级市和晋州市、新乐市、鹿泉市、武安市、南宫市、沙河市、定州市、河间市、泊头市、冀州市、遵化市、11个县级市，主要分布在燕山山区、太行山区和沿海地区。污水年排放量较高，城市整体功能较差，单位用地土地投入产出比水平较低，有不同程度的土地闲置现象，人均城市用地比较粗放，建筑容积率较低；城市用地增长弹性系数较低，城市用地扩展速度快于城市人口增长速度用地情况，需要加以控制。但城市土地后备资源比较充足，环境质量较好，土地开发潜力较大。

（4）将城市土地集约利用综合计算分值＜0.70的划分为四级，属于粗放利用，包括唐山市、张家口市2个地级市和黄骅市1个县级市。城市整体功能较差，建成区绿化覆盖率低；单位用地土地投入产出比水平低，土地闲置现象比较普遍，人均城市用地粗放，建筑容积率低；城市用地增长弹性系数低，城市用地扩展速度快于城市人口增长速度，城市用地后备资源充足，城市生活环境较好，城市土地开发潜力则最大，但要控制城市用地的审批，防止产生新的土地浪费现象。

第五节　河北省城市建设用地潜力估算

一、11 个地级市市区建设用地潜力估算

根据国家标准，按地级市人均建设用地面积 100 平方米计算，全省 11 个地级市市区建设用地潜力 = $\sum$（超标市区现状建设用地 – 超标市区人口 ×100 平方米/人）= 6370.79 公顷（95561.85 亩）。11 设区市市区建设用地开发潜力见表 3 – 19。

表 3 – 19　　　　　　　　**11 设区市市区建设用地开发潜力**

地级市	建设用地（公顷）	城区人口（人）	人均用地（平方米/人）	控制标准（平方米/人）	建设用地开发潜力（公顷）
石家庄	20520.78	2321787	88.38	100	0
唐　山	22659.27	2640692	85.81	100	0
秦皇岛	13201.41	974845	135.42	100	3452.96
邯　郸	7468.47	1486282	50.25	100	0
邢　台	5028.26	673679	74.64	100	0
保　定	8312.06	966555	86.00	100	0
张家口	10476.41	973277	107.64	100	743.64
承　德	6158.73	534294	115.27	100	815.79
沧　州	5340.33	505484	105.65	100	285.49
廊　坊	7567.66	649475	116.52	100	1072.91
衡　水	3753.65	419949	89.38	100	0
市区合计	110487.03	12146319			6370.79

从表 3 – 19 可以看出，秦皇岛市市区建设用地开发潜力最大，为 3452.96 公顷，其次是廊坊市市区，为 1072.91 公顷，其余三个市区承德市市区、张家口市市区和沧州市市区分别为 815.79 公顷、743.64 公顷和 285.49 公顷。11 个地级市区建设用地开发总潜力 6370.79 公顷。

二、22个县级市市区建设用地潜力估算

根据国家标准，按县级市人均建设用地面积120平方米计算，全省22个县级市市区建设用地潜力 = $\sum$（超标市区现状建设用地 - 超标市区人口 ×120平方米/人）= 8079.58公顷（121193.7亩）。22个县级市市市区建设用地开发潜力见表3-20。

表3-20　　　　　　　　22个县级市市区建设用地开发潜力

所属地市	县级市	建设用地（公顷）	城区人口（人）	人均用地（平方米/人）	控制标准（平方米/人）	建设用地开发潜力（公顷）
石家庄	辛集市	2494	59480	419.30	120	1780.24
	藁城市	1083.72	145311	74.58	120	0
	晋州市	1360.62	70771	192.26	120	511.37
	新乐市	222.2	21886	101.53	120	0
	鹿泉市	1004.47	82859	121.23	120	10.16
唐　山	遵化市	1353.2	102187	132.42	120	126.96
	迁安市	1764.99	109300	161.48	120	453.39
邯　郸	武安市	1291.11	87515	147.53	120	240.93
邢　台	南宫	1573.43	102509	153.49	120	343.32
	沙河市	1012.47	177105	57.17	120	0
保　定	涿州市	2532.45	191227	132.43	120	237.73
	定州市	1959.15	210018	93.28	120	0
	安国市	1009.5	124576	81.03	120	0
	高碑店市	1923.8	174929	109.98	120	0
沧　州	泊头市	2082.04	153864	135.32	120	235.67
	任丘市	3361.01	152368	220.59	120	1532.59
	黄骅市	2240.98	41890	534.97	120	1738.30
	河间市	1295.52	117566	110.20	120	0
廊　坊	霸州市	1580.85	140925	112.18	120	0
	三河市	1057.72	51776	204.29	120	436.41

续表

所属地市	县级市	建设用地 （公顷）	城区人口 （人）	人均用地 （平方米/人）	控制标准 （平方米/人）	建设用地开发 潜力（公顷）
衡　水	冀州市	1362.96	88529	153.96	120	300.61
	深州市	1267.01	94593	133.94	120	131.90
	合　计	34833.2	2501184			6546.99

从表 3-20 可以看出，辛集市市区建设用地开发潜力最大，为 1780.24 公顷，其次是黄骅市市区，为 1738.30 公顷，第三是任丘，开发潜力 1532.59 公顷。22 个县级市市区建设用地开发总潜力 8079.58 公顷。

本章小结

本章首先介绍了城镇土地集约利用的形式和类型、影响要素、评价方法（包括指标体系的设计、权重以及合理值的确定等）；其次，以河北省为例，对河北省城市（11 个地级市和 22 个县级市）进行了宏观整体评价，探索了全省城市土地集约利用评价的理论与方法，建立了一套"同质异量"、适合全省城市土地集约利用评价的指标体系；最后，对河北省城市建设用地潜力进行了估算。与对单个城市的集约利用评价相比，评价结果反映了全省不同类型、不同规模城市之间的差异和土地集约利用状况，研究结果更有利于宏观调控全省不同城市的建设发展方向和土地利用结构，具有一定的理论创新意义和实践应用价值。

需要注意的是，城市土地集约利用评价结果是动态变化的，随着城市的发展和集约利用水平的提高，评价结果也需要及时更新。

第四章

开发区土地集约利用分析与评价

第一节　河北省开发区建设现状

自 1991 年石家庄经济技术开发区被国务院批准为国家级高新技术产业开发区以来，河北省先后通过国务院、省政府和省政府有关部门、市政府和市政府有关部门、县政府、乡（镇）政府批准和自行设立等途径，在河北省各地设立了名目繁多的开发区，如"经济技术开发区"、"高新技术产业开发区"、"工业科技示范区"、"出口加工区"、"民营科技产业园区"、"火炬园区"、"农业科技园"、"旅游生态园"、"旅游度假区"等。以上开发区的存在，明显超出了我省经济发展的实际需要，其中一些开发区，特别是基层设立的开发区，或因基础设施条件差、政策环境恶劣，或因区位条件不佳，不具备招商引资和开发建设的条件，既造成了较大面积占用耕地，又造成了开发区内不少无法完工"半拉子"工程的大量存在。

2004 年在国土资源部《关于严格按照标准和界限抓紧清理现有各类开发区的函》（国土资电发 [2004] 5 号）下发后，河北省国土资源厅对全省开发区用地现状进行了调查和清理。清理前，河北省各类开发区、园区有 151 个，其中，国务院批准的 4 个，省政府批准的 51 个，国务院有关管部门批准的 2 个，省政府有关部门批准的 12 个，设区市政府批准的 7 个，设区市政府有关部门批准的 5 个，县级以下政府及有关部门批准以及自行设立的 70 个。批准规划面积 91100.78 公顷，已建成面积 20197.38 公顷，已建成面积占规划面积的 22.17%。清理后，全省保留各类开发区（园区）58 个，其中，经国务院和省政府批准可保留的 46 个（国务院批准的 4 个，省政府批准的 42 个）；整改后保留的开发区 12 个，其中，经国务院有关部门批准的 2 个，经省政府有关部门批准的 6 个，设区市政府批准的 4 个。总规划面积 60874.984 公顷，已建成面积 18863.2496 公顷，占规划面积的 30.99%。

2009 年年末，河北省共有国家级开发区 6 个，省级开发区 44 个，首批省级产业聚集区 32 个（具体见表 4-1、表 4-2、表 4-3）。

表 4-1 国家级开发区

序号	开发区名称	批准时间	规划面积（公顷）	主要产业
1	秦皇岛经济技术开发区	1984.10	690	
2	秦皇岛出口加工区	2002.06	250	
3	廊坊出口加工区	2005.06	50	
4	石家庄高新技术产业开发区	1991.03	1553	
5	保定高新技术产业开发区	1996.09	1223	
6	河北廊坊经济开发区	1992.07	3800	机械、新材料、汽车等零部件

表 4-2 省级开发区

序号	开发区名称	批准时间	规划面积（公顷）	主要产业
1	河北辛集经济开发区	2006.08	593	皮革皮具、食品、机械
2	河北藁城经济开发区	1992.08	2626.14	医疗、化工、机械
3	河北鹿泉经济开发区	2003.01	700	食品、医药、化工
4	河北承德高新技术产业园区	1992.06	2470	智能化仪器仪表、生物医药、食品
5	河北张家口经济开发区	2000.09	217	机械、化工、医药
6	河北宣化经济开发区	1992.11	558	机械、金属制品加工
7	河北张家口沙城经济开发区	2006.03	239	工业玻璃、农产品加工
8	河北山海关经济开发区	1993.06	1859	农副产品加工、机械、化工
9	河北北戴河经济开发区	1995.01	182	机械、电子、食品
10	河北昌黎工业园区	2006.05	500	食品、机械、建材
11	河北唐山高新技术产业园区	1992.07	3100	汽车零部件、焊接、新型建材

序号	开发区名称	批准时间	规划面积（公顷）	主要产业
12	河北唐山南堡经济开发区	1995.12	2600	化工、新型建材、机电一体化
13	河北唐山海港经济开发区	1993.06	3285.32	化工、机械、新型建材
14	河北唐山芦台经济开发区	2003.07	170	自行车及零配件、家具
15	河北丰南经济开发区	2000.06	605	机械、陶瓷、电子
16	河北滦县经济开发区	2003.07	178	食品、塑料、新型建材
17	河北玉田工业园区	1994.08	150	电子、机械、食品
18	河北燕郊经济开发区	1992.08	2559	
19	河北霸州经济开发区	1996.09	1343	电子、精细化工、新材料
20	河北香河经济开发区	1993.01	1270	印刷包装、电子、服装
21	河北大成工业园区	2006.03	200	摩托车配件、电动三轮车
22	河北固安工业园区	2006.03	2400	汽车零部件、家具、建材
23	河北永清工业园区	2006.03	185	化工、机械
24	河北文安工业园区	2006.03	318	胶合板、机械
25	河北大厂工业园区	2006.03	400	食品、机械、金属制品
26	河北保定工业园区	2006.03	877	汽车及零部件、医药
27	河北涿州经济开发区	1992.07	1750	新材料、生物技术、机械
28	河北高碑店经济开发区	1996.01	1412	汽车及零部件、食品、新建材
29	河北沧州经济开发区	1992.07	995.7	金属制品、医药、纺织
30	河北黄骅经济开发区	1992.07	600	机械、五金、塑料
31	河北任丘经济开发区	1995.12	1178	石油化工、电子、机械
32	河北沧州临港化工产业园区	2003.05	2600	化工
33	河北吴桥经济开发区	1993.01	411	棉纺、机械
34	河北衡水经济开发区	2000.09	1450	工程橡胶、汽车零部件、纺织
35	河北冀州经济开发区	2003.01	1165.45	采暖设备、新型建材、工程橡胶
36	河北景县工业园区	2006.03	1022	橡胶制品、机械、建材
37	河北枣强玻璃钢产业园区	2006.03	326	玻璃钢

序号	开发区名称	批准时间	规划面积（公顷）	主要产业
38	河北邢台经济开发区	1994.06	1974	纺织、木材加工
39	河北清河经济开发区	2003.06	1600.5	羊绒加工、汽车零部件
40	河北邯郸经济开发区	2000.09	1910	新材料、机械、电子
41	河北邯郸工业园区	1992.12	175	医药、仪器仪表、服装
42	河北涉县经济开发区	2000.09	800	农副产品加工、机械、新材料
43	河北武安工业园区	1992.11	570	机械、生物医药
44	河北永年工业园区	1992.11	886	机械、新材料、食品

表 4-3　　　　　　　　**首批省级产业聚集区**　　　　　　　单位：公顷

序号	聚集区名称	规划面积	已建面积	开发面积	已征面积	主要产业	地址
1	石家庄循环经济化工示范基地	608	325	480	480	石油化工、煤化工、盐化工	藁城市丘头镇
2	石家庄装备制造业基地	5800	543	580	257	装备制造	石家庄南 10 公里窦妪镇
3	鹿泉绿岛火炬开发区	3922	220	500	270	电子信息、食品加工	鹿泉市
4	张家口市南山产业集聚区	2000	0	1890	600	生态、物流、建材、精细化工	怀安县左卫镇
5	张家口西山工业区	5000	720	4872	720	机械装备制造、食品加工、现代物流	万全县上保
6	双滦钒钛冶金产业聚集区	2500	687	1845	767	特色钢铁冶炼、钒钛产品研发、机械装备制造	平泉县红山嘴收费站
7	秦皇岛临港产业聚集区	9456	2030	3055	1900	现代物流、装备制造、玻璃及深加工、粮油食品、船舶配套	秦皇岛市西港北路 72 号
8	平泉县红山循环经济产业聚集区	2500	687	1845	767	食用菌、山杏加工、活性炭、玉米深加工、现代物流	平泉县红山嘴收费站

序号	聚集区名称	规划面积	已建面积	开发面积	已征面积	主要产业	地址
9	黄金海岸保护建设管理曲区旅游产业聚集区	42500	1500	810	830	旅游服务业	秦皇岛市海港区北环路268号
10	河北昌黎干红葡萄酒产业聚集区	10133	6749	7169	420	葡萄酒酿造、酒瓶、橡木桶、瓶塞生产、彩印包装	昌黎县发展改革局
11	唐山（开平）现代装备制造产业聚集区	2000	300	500	200	装备制造业	唐山市开平区
12	乐亭县临港产业聚集区	12000	600	5000	2000	装备制造、精品钢铁、精细化工	乐亭县沿海
13	唐山丰润装备制造业产业聚集区	2000	300	500	200	装备制造业	丰润区北外环
14	迁安现代装备制造业产业聚集区	2800	300	1000	200	装备制造、现代物流等	迁安市市区东侧
15	香河现代产业园	5700	500	1050	600	装备制造、现代服务业	香河县五一路北段
16	廊坊安次龙河高新技术产业区	4260	303	1080	483	电子信息、水循环、汽车配件、建筑材料等	廊坊市建设南路高新区管委会
17	广阳物流产业园	1060	36	65	100	现代物流、服务外包、电子信息、汽车零配件等	广阳区北旺
18	大厂潮白河工业区	1600	250	500	500	装备制造、电子信息、新能源	大厂县祁各庄镇
19	徐水工业园区	1600	350	350	350	索具、汽车及汽车零部件和石油物探装备	徐水县城内大街23号
20	定州市唐河循环经济产业园区	3000	234	2666	500	汽车、煤化工、农产品加工	定州市定曲路
21	白沟、白洋淀、温泉城产业聚集区	3700	950	3200	1150	加工、商贸服务、旅游休闲度假	白洋淀温泉1号路

续表

序号	聚集区名称	规划面积	已建面积	开发面积	已征面积	主要产业	地址
22	盐山孟村管道管件聚集区	4188	2150	3450	1450	管道装备制造	沧州市盐山县
23	泊头工业区	2000	650	1150	1150	铸造、机械加工、汽车模具、环保设备	泊头工业区正港路9号
24	青县经济开发区	2000	477	0	547	石油器材、信息产业等	青县县城东
25	中国（安平）国际丝网产业基地	1760	423	452	485	丝网	安平县县城西南
26	武邑县循环经济园区	900	2634	437.6	263.4	化工、金属橱柜、橡胶制品、消毒剂	武邑县城西南、苏正
27	邢台玻璃产业基地	3602	1217	2971	282	玻璃、炭黑	河北省沙河市桥东办事处
28	河北隆尧东方食品城	2000	600	700	400	食品、饮料	河北省隆尧县莲子镇
29	宁晋西城工业区	1000	680	680	680	单晶硅、纺织、服装、装备制造、电线电缆、生物制药	宁晋县晶龙大街488号
30	马头生态工业城机械装备制造产业聚集区	1600	300	400	100	机械装备制造	马头生态工业城西南工业区
31	成安县装备制造业聚集区	2458.8	357	450	450	装备制造	成安县城西
32	磁县林坛装备工业园区	1000	100	300	110	装备制造	磁县林坛镇林坛村南

2009 年，河北省省级以上开发区（园区）以不到全省 2‰ 的土地面积，聚集了全省 14% 的生产总值、17% 的财政收入、40% 的外资、42% 的内资和 40% 的出口。在河北省投资的 83 家世界 500 强企业及其分支机构有 78 家设在开发区（园区）。开发区（园区）拥有高新技术企业 459 家，占全省高新技术企业总数的 35%。

今后 5 年，河北省将做大做强一批开发区，培育 10 家以上主营业务收入超千亿元的开发区（园区）；升级扩容一批开发区，推动 5 家以上省级开发区（园区）升级为国家级开发区；新增一批出口加工区、保税区、国家出口基地和服务外包基地；规划建设一批开发区，各类开发区（园区）总数达到 150 家。主要经济指标以 2010 年为基数，年均增长将超 30%，工业增加值达到 9528 亿元，财政收入达到 1824 亿元，实际利用外资 50 亿美元，引进内资 2760 亿元，进出口总值达到 590 亿美元，集约发展程度明显提高，产业聚集能力大幅提升。

第二节　河北省开发区建设用地存在的问题

开发区经过几年、十几年的开发建设，经历了由热到冷、由盲目开发到日渐规范的道路。但开发区热留下来的后遗症尚未完全根除，现有开发区土地利用中依然存在很多问题，土地的集约利用面临着严峻的挑战。

一、开发区用地结构不合理

开发区作为老市区在经济发展上的一个补充，职能主要以工业生产、科研、仓储为主。用地也主要应以工业用地、仓储用地、道路交通用地为主，加上适当的市政公用设施用地和部分生活居住用地。而河北省部分开发区远离母城，独立设置，整体规划与建设都是按照城市模式来设计的，而不是按照工业区的模式来设计，造成开发区用地结构中，工业用地仅占全区土地面积的 20%～40%，大量的用地被生活、绿化、公用建设用地和其他用途用地占用。非生产性用地比例过多，必然造成投资向非生产性项目倾斜，这不仅与设立开发区的初衷相违背，而且工业用地比例过低还将不利于开发区建设资金的自身积累，影响开发区偿还贷款的能力，无法形成滚动开发的良性循环，为今后的进一步发展设置了障碍。

二、开发区土地集约利用程度不高

开发区既是河北省开放型经济的聚集区，又是河北省土地集约利用的示范区，除人流、物流、信息流等经济要素的高度集聚外，还体现在资源的高度集约利用上，开发区单位面积的投入产出率高，土地集约利用程度亦高，经济、社会、生态综合效益就好，否则综合效益就低。从河北省开发区集约利用土地的总体情况而言，在贯彻省委、省政府关于切实加强土地集约利用政策的规定、建立土地集约利用评价指标体系、进行城市及开发区闲置土地处理、挖掘存量用地潜力等方面，还存在许多不足之处。河北省开发区的土地集约利用程度和效益与先进省市相比，还有很大差距。同时，开发区招商引资的恶性竞争，迫使许多开发区相继推出"优惠政策"，表现在土地利用上就是宽打宽用，竞相压价，以"基础设施补偿"、"奖励"等形式突破国家土地、税收法规及相关政策给予进区客商优惠，造成土地利用粗放，土地资产严重流失。

三、开发区建设规划执行不理想

河北省开发区经过清理整顿，对不符合要求的开发区进行了撤销，重新确定了开发区的规划面积，但仍存在一些问题，主要表现在：部分开发区由于规划开发面积过大，点多分散，相对资金投入不足；区位不理想，招商引资困难。无资金开发；投资商开发资金不足或中途撤资，导致开发区建设停滞等，造成土地资源的严重浪费。同时，个别开发区的规划面积受当地土地利用总体规划等因素的限制很难落实，致使开发区发展空间受到约束。

四、开发区土地管理体制存在问题

开发区作为城市和地区的经济增长极，在很大程度上会更多地追求经济增长而忽视其他，追求短期效应而忽视长远影响，而开发区范围内的农用地，实质上就是开发区发展的后备用地，在这样的背景下，出现了部分开发区及其区内企业大量占用耕地的"圈地运动"。在大量圈地之后，由于开发区招商引资力度不够，或客观上企业投资力度不够，也可能是主观上企业作为一种"投资"与"投机"手段有意识地囤积土地，使得一些开发区土地荒芜，土地闲置现象十分严重。土地闲置不仅导致土地资源和投资的浪费，侵蚀国家的土地收益，削弱政府调控经济发展和城市建设的能力，而且会影响投资环境的改善和开发区的整体形象，影响农业发展和国家的粮食战略安全，还会影响被征地农民的生产和生活，引发大量的社会矛盾。这些正是开发区土地资源管理体制存在的最大问题。

此外，一些开发区还出现了将产业用地变成房地产开发用地的现象。作为开发区内与产业用地相配套的房地产开发用地应该有一定的限度，但由于部分开发区管委会为了短期内获得较多的土地收益，或为了弥补低价出让产业用地产生的亏损，而扩大房地产开发用地的比例，将部分产业用地转为房地产开发用地，从而导致开发区不能满足产业用地的需求，开发区发展缺乏后劲。

开发区土地资源管理上的问题在全国各地几乎普遍存在，改变这种状态的最根本办法就是改变开发区的土地资源管理体制。

第三节 开发区土地集约利用的内涵

开发区土地是城市土地的一部分，但又不同于一般的城市用地，其高投入高产出的生产集中性的特点，也赋予了开发区土地集约利用的特殊内涵。开发区土地集约利用是指基于开发区功能定位，以最大限度地提高开发区土地利用经济、社会、生态效益为目标，实现开发区土地利用投入产出最大化的过程。其内涵着重表现在用地效率持续提高、用地功能配置合理、用地综合效益最优及与周边区域用地结构协调优化等方面。

一、开发区用地效率持续提高

开发区土地集约利用的过程也是开发区用地效率持续提高过程。这是由于通过增加单位土地面积上要素的有效投入，使得单位土地面积产出持续增长。而且从土地集约利用规律来看，随着土地资源利用面积的不断增加，每增加一个单位土地资源面积的投入，所带来的产出增长更快，当然，到了一定时期也会出现土地报酬递减现象。

二、开发区内部用地功能配置合理

开发区用地功能合理配置是开发区功能定位的要求，也是开发区建设与发展不同阶段的客观要求，其更为突出地表现在开发区用地结构和布局整体合理、土地利用与基础设施等要素配置合理、不同类型尤其是不同企业之间的用地协调等方面。因此，开发区内部用地功能配置合理，不仅体现在用地规模与空间结构格局的优化，还表现在企业乃至地块尺度用地配置以及土地要素与相关要素的合理比配，当然这一过程也具有动态性，与开发区发展阶段、技术进步、产业升级等密切相关。

三、开发区与周边区域用地结构协调优化

开发区土地利用是一个开放的系统，需要与周边的经济社会系统、土地利用系统协调一致，才能使得开发区用地能够在地域空间上发挥更有效的辐射、带动作用。开发区与周边区域用地结构的协调优化更主要地表现为周边基础设施用地、产业发展用地、社会服务（如居住等）用地、生态环境保护用地与开发区土地利用功能的协调与优化。

四、开发区用地综合效益最优

开发区用地综合效益最优，一方面表现在开发区自身的经济效益、社会效益、生态效益；另一方面还表现开发区对于所在地域空间乃至城市的带动或辐射效益显著，尤其是在开发区建设的中后期其对地域经济社会发展的辐射效应将更加突出。

第四节 河北省开发区土地集约利用评价

一、评价对象基本状况

开发区土地集约利用评价汇总分析对象和各类开发区基本情况见表4-4、表4-5。

表4-4 河北省开发区土地集约利用评价汇总分析对象

序号	开发区代码	开发区名称	审批公告土地面积（公顷）	开发区类型	序号	开发区代码	开发区名称	审批公告土地面积（公顷）	开发区类型
1	S137032	河北黄骅经济开发区	600	7	10	G134004	河北廊坊出口加工区	50	4
2	S137030	沧州经济开发区	995.7	7	11	S137014	河北滦县经济开发区	178	7
3	S137026	河北大厂工业园区	400	7	12	G134003	河北秦皇岛出口加工区	250	4
4	S137024	河北大城工业园区	1000	7	13	S137015	河北唐山海港经济开发区	3285.32	7
5	S137027	河北保定工业园区	877	1	14	S137017	河北唐山芦台经济开发区	170	7
6	S139033	河北沧州临港化工产业园区	2600	9	15	S137025	河北文安工业园区	318	1
7	S137011	河北丰南经济开发区	605.12	7	16	S137042	河北武安工业园区	570	7
8	S137029	河北高碑店经济开发区	1412	7	17	S137023	河北香河经济开发区	1270	7
9	S137041	河北邯郸经济开发区	1910	1	18	S137039	河北邢台经济开发区	1974	1

序号	开发区代码	开发区名称	审批公告土地面积（公顷）	开发区类型	序号	开发区代码	开发区名称	审批公告土地面积（公顷）	开发区类型
19	S137006	河北宣化经济开发区	560.79	7	33	S137044	河北涉县经济开发区	800	7
20	S137020	河北燕郊经济开发区	2559	2	34	S137040	河北省清河经济开发区	1600.5	7
21	S137045	河北永年工业园区	886	1	35	S137031	河北任丘经济开发区	1178	7
22	S137022	河北永清工业园区	1285	7	36	S137034	河北吴桥经济开发区	411	7
23	S137016	河北玉田工业园区	150	7	37	S137035	河北衡水经济开发区	1450	1
24	S137007	河北张家口沙城经济开发区	239.25	7	38	G132004	保定高新技术产业开发区	1223	2
25	S137028	河北涿州经济开发区	1750	7	39	G132003	石家庄高新技术产业开发区	1553	2
26	G131050	河北廊坊经济技术开发区	3800	1	40	S138004	河北承德高新技术产业园区	620	2
27	G131003	秦皇岛经济技术开发区	2298	1	41	S137012	河北唐山南堡经济开发区	2600	1
28	S137038	河北景县工业园区	1022	9	42	S137019	河北霸州经济开发区	1343.11	7
29	S137036	河北冀州经济开发区	1165.45	7	43	S137021	河北固安工业园区	2400	7
30	S139037	河北枣强玻璃钢产业园区	325.82	7	44	S137001	河北辛集经济开发区	66.7	7
31	S137009	河北北戴河经济开发区	182.3	7	45	S137002	河北藁城经济开发区	828.27	7
32	S137008	河北山海关经济开发区	1416.05	7	46	S137003	河北鹿泉经济开发区	560	7

序号	开发区代码	开发区名称	审批公告土地面积（公顷）	开发区类型	序号	开发区代码	开发区名称	审批公告土地面积（公顷）	开发区类型
47	S137005	河北省张家口经济开发区	216.5	7	50	S138010	河北唐山高新技术产业园区	450	8
48	S137013	河北昌黎工业园区	500	7	总计			54079.88	
49	S137043	河北邯郸工业园区	175	7					

注：表中，开发区类型由1位数字组成，分别代表：

1——经济技术开发区；

2——高新技术产业开发区；

3——保税区；

4——出口加工区；

5——边境经济合作区；

6——其他类型的国家级开发；

7——省级经济开发区；

8——省级高新技术产业园区；

9——省级特色工业园区。

表4-5　　　　　　　　　各类开发区基本情况

开发区类型	开发区土地总面积（公顷）	开发区工业（物流）企业固定资产投资总额（万元）	开发区工业（物流）企业总收入（万元）	开发区高新技术产业总收入（万元）	工业用地固定资产投入强度（万元/公顷）	工业用地产出强度（万元/公顷）	高新技术产业用地产出强度（万元/公顷）	社会贡献程度（%）
1	16113.00	8773644.00	8816448.62	1997822.39	544.51	547.16	123.99	7.13
2	5955.00	5983280.00	9323684.00	4757807.40	1004.75	1565.69	798.96	4.86
4	300.00	26474.50	45549.40	0.00	88.25	151.83	0.00	0.02
7	27639.88	13858780.46	15851588.42	1416953.88	501.41	573.50	51.26	11.26
8	450.00	840934.00	1130183.00	543856.00	1868.74	2511.52	1208.57	0.68
9	3622.00	1740315.00	1467901.00	236700.00	480.48	405.27	65.35	1.41
总计	54079.88	31223427.96	36635354.44	8953139.67	577.36	677.43	165.55	25.36

表4-4中，序号前43个开发区的汇总分析时间点设定为2009年12月31日，各开发区评价中用到的经济、社会、土地、建设等数据，均统一以

2009 年 12 月 31 日为截止时间，在此基础上对数据进行比较分析。序号 44 ~ 50 的开发区由于数据尚未通过验收的原因，采用上一轮评价数据。

二、开发区土地集约利用评价指标体系的建立

依据《开发区土地集约利用评价规程》，从土地利用状况、用地效益、管理绩效三个目标层设定子目标和评价指标，建立评价指标体系，见表4－6。

表 4－6　　　　　　　　开发区土地集约利用评价指标体系

目标	子目标	指标
土地利用状况（A）	土地利用程度（A_1）	土地供应率（A_{11}）
		土地建成率（A_{12}）
	用地结构状况（A_2）	工业用地率（A_{21}）
		高新技术产业用地率（A_{22}）
	土地利用强度（A_3）	综合容积率（A_{31}）
		建筑密度（A_{32}）
		工业用地综合容积率（A_{33}）
		工业用地建筑系数（A_{34}）
用地效益（B）	产业用地投入产出效益（B_1）	工业用地固定资产投入强度（B_{11}）
		工业用地产出强度（B_{12}）
		高新技术产业用地产出强度（B_{13}）
管理绩效（C）	土地利用监管绩效（C_1）	到期项目用地处置率（C_{11}）
		闲置土地处置率（C_{12}）
	土地供应市场化程度（C_2）	土地有偿使用实现率（C_{21}）
		土地招拍挂实现率（C_{22}）

三、权重的确定

采用特尔斐法确定指标权重，同时，按照《规程》中权重区间要求（见表4－7），综合确定评价指标权重，见表4－8、表4－9。

表 4 – 7 开发区土地集约利用评价指标权重区间

目标	权重区间		子目标	权重区间	
	下限	上限		下限	上限
土地利用状况（A）	0.45	0.50	土地利用程度（A_1）	0.25	0.30
			用地结构状况（A_2）	0.24	0.31
			土地利用强度（A_3）	0.41	0.48
用地效益（B）	0.28	0.35	产业用地投入产出效益（B_1）	1.00	1.00
管理绩效（C）	0.19	0.23	土地利用监管绩效（C_1）	0.47	0.53
			土地供应市场化程度（C_2）	0.47	0.53

表 4 – 8 开发区土地集约利用评价指标权重结果（非高新区）

目标	权重值	子目标	权重值	指标	权重值
土地利用状况	0.47	土地利用程度	0.28	土地供应率	0.46
				土地建成率	0.54
		用地结构状况	0.27	工业用地率	1.00
				高新技术产业用地率	—
		土地利用强度	0.45	综合容积率	0.25
				建筑密度	0.25
				工业用地综合容积率	0.26
				工业用地建筑系数	0.24
用地效益	0.32	产业用地投入产出效益	1.00	工业用地固定资产投入强度	0.49
				工业用地产出强度	0.51
				高新技术产业用地产出强度	—
管理绩效	0.21	土地利用监管绩效	0.51	到期项目用地处置率	0.48
				闲置土地处置率	0.52
		土地供应市场化程度	0.49	土地有偿使用实现率	0.54
				土地招拍挂实现率	0.46

表 4 - 9　　　　　　开发区土地集约利用评价指标权重结果（高新区）

目标	权重值	子目标	权重值	指标	权重值
土地利用状况	0.47	土地利用程度	0.28	土地供应率	0.46
				土地建成率	0.54
		用地结构状况	0.27	工业用地率	0.475
				高新技术产业用地率	0.525
		土地利用强度	0.45	综合容积率	0.25
				建筑密度	0.25
				工业用地综合容积率	0.26
				工业用地建筑系数	0.24
用地效益	0.32	产业用地投入产出效益	1.00	工业用地固定资产投入强度	0.31
				工业用地产出强度	0.32
				高新技术产业用地产出强度	0.37
管理绩效	0.21	土地利用监管绩效	0.51	到期项目用地处置率	0.48
				闲置土地处置率	0.52
		土地供应市场化程度	0.49	土地有偿使用实现率	0.54
				土地招拍挂实现率	0.46

四、理想值的确定

理想值确定可采用以下方法：

（1）目标值法：结合国民经济和社会发展规划、土地利用总体规划、城市规划等相关规划，以及有关用地标准、行业政策等，在分析土地利用现状的基础上，确定指标理想值。

（2）经验借鉴法：参考其他开发区土地节约集约利用先进水平，确定指标理想值。

（3）专家咨询法：选择一定数量（10~40 人）熟悉城市、开发区经济社会发展和土地利用状况的专家，提供相关材料，咨询确定指标理想值。

各评价指标理想值可根据指标特点采用不同方法确定。开发区土地集约利用评价指标标准值和开发区土地集约利用评价指标现状值分别见表 4 - 10、表 4 - 11。

表4-10　开发区土地集约利用评价指标标准值

单位：%，万元/公顷

| 排名 | 土地利用状况 | | | | | | | | 用地效益 | | | 管理绩效 | | | |
| | 土地利用程度 | | 用地结构状况 | | 土地利用强度 | | | | 产业用地投入产出效益 | | | 土地利用监管绩效 | | 土地供应市场化程度 | |
	土地供应率	土地建成率	工业用地率	高新技术产业用地率	综合容积率	建筑密度	工业用地综合容积率	工业用地建筑系数	工业用地固定资产投入强度	工业用地产出强度	高新技术产业用地产出效益	到期项目用地处置率	闲置土地处置率	土地有偿使用实现率	土地招拍挂实现率
1	100	100	79.45	33.07	0.95	40.30	1.18	99.57	10777.55	12271.38	13699.79	100	100	100	100
2	100	100	71.83	13.11	0.93	37.88	0.86	83.38	6096.91	11084.49	9428.88	100	100	100	100
3	100	100	63.60	9.68	0.80	36.85	0.85	71.50	5737.57	11002.66	8888.32	100	100	100	100
平均值	100	100	71.62	18.62	0.89	38.34	0.96	84.82	7537.34	11452.84	10672.33	100	100	100	100

表4-11　开发区土地集约利用评价指标现状值

单位：%，万元/公顷

| 开发区代码 | 开发区名称 | 土地利用状况 | | | | | | | | 用地效益 | | | 管理绩效 | | | |
| | | 土地利用程度 | | 用地结构状况 | | 土地利用强度 | | | | 产业用地投入产出效益 | | | 土地利用监管绩效 | | 土地供应市场化程度 | |
		土地供应率	土地建成率	工业用地率	高新技术产业用地率	综合容积率	建筑密度	工业用地综合容积率	工业用地建筑系数	工业用地固定资产投入强度	工业用地产出强度	高新技术产业用地产出强度	到期项目用地处置率	闲置土地处置率	土地有偿使用实现率	土地招拍挂实现率
S137032	河北黄骅经济开发区	1.00	0.99	0.59	0.00	0.47	0.23	0.64	0.38	2295.87	2904.02		100.00	100.00	100.00	100.00
S137030	沧州经济开发区	0.56	0.95	0.49	0.03	0.40	0.18	0.61	0.30	3603.92	3129.89	2747.64	100.00	100.00	65.56	35.93

续表

开发区代码	开发区名称	土地利用状况								用地效益			管理绩效			
		土地利用程度		用地结构状况		土地利用强度				产业用地投入产出效益			土地利用监管绩效		土地供应市场化程度	
		土地供应率	土地建成率	工业用地率	高新技术产业用地率	综合容积率	建筑密度	工业用地综合容积率	工业用地建筑系数	工业用地固定资产投入强度	工业用地投入产出强度	高新技术产业用地产出强度	到期项目用地处置率	闲置土地处置率	土地有偿使用实现率	土地招拍挂实现率
S137026	河北大厂工业园区	1.00	0.80	0.54	0.00	0.45	0.40	0.53	0.68	2901.04	2383.36	/	100.00	100.00	100.00	94.77
S137024	河北大城工业园区	1.00	0.50	0.27	0.00	0.59	0.37	0.56	0.72	1078.67	1695.80	/	100.00	100.00	100.00	0.00
S137027	河北保定工业园区	0.75	0.98	0.58	0.00	0.47	0.23	0.70	0.34	3909.23	5091.78	/	100.00	100.00	100.00	100.00
S139033	河北沧州临港化工产业园区	0.32	0.95	0.63	0.00	0.44	0.24	0.70	0.38	1414.72	1453.64	/	100.00	100.00	100.00	100.00
S137011	河北丰南经济开发区	0.99	1.00	0.47	0.00	0.52	0.26	0.59	0.50	6096.91	11084.49	/	100.00	100.00	100.00	100.00
S137029	河北高碑店经济开发区	0.99	0.89	0.55	0.00	0.64	0.38	0.40	0.31	3304.27	3048.78	/	100.00	100.00	100.00	99.43
S137041	河北邯郸经济开发区	0.72	0.98	0.42	0.00	0.80	0.24	0.76	0.45	3310.65	3256.17	/	100.00	100.00	100.00	100.00

续表

开发区代码	开发区名称	土地利用状况								用地效益			管理绩效			
		土地利用程度		用地结构状况		土地利用强度				产业用地投入产出效益			土地利用监管绩效		土地有偿使用实现率	土地供应市场化程度
		土地供应率	土地建成率	工业用地率	高新技术产业用地率	综合容积率	建筑密度	工业用地综合容积率	工业用地建筑系数	工业用地固定资产投入强度	工业用地产出强度	高新技术产业用地产出强度	到期项目用地处置率	闲置土地处置率		土地招拍挂实现率
G134004	河北廊坊出口加工区	0.54	0.34	0.24	0.00	0.33	0.22	1.18	1.00	1982.45	1640.87	/	100.00	100.00	100.00	100.00
S137014	河北滦县经济开发区	1.00	0.84	0.79	0.00	0.45	0.33	0.37	0.33	2741.73	4449.19	/	100.00	100.00	100.00	100.00
G134003	河北秦皇岛出口加工区	0.22	1.00	0.43	0.00	0.33	0.23	0.74	0.53	1222.03	2303.79	/	100.00	100.00	100.00	100.00
S137015	河北唐山海港经济开发区	1.00	0.68	0.20	0.00	0.43	0.27	0.50	0.44	3760.44	5193.53	/	100.00	100.00	100.00	100.00
S137017	河北唐山芦台经济开发区	1.00	1.00	0.41	0.00	0.28	0.24	0.19	0.22	525.98	862.25	/	100.00	100.00	100.00	90.87
S137025	河北文安工业园区	1.00	0.89	0.39	0.00	0.63	0.26	0.69	0.43	2199.16	2602.29	/	100.00	100.00	100.00	63.77
S137042	河北武安工业园区	0.96	0.90	0.17	0.00	0.79	0.30	0.84	0.61	3980.29	3032.60	/	100.00	100.00	100.00	100.00

续表

开发区代码	开发区名称	土地利用状况								用地效益			管理绩效			
		土地利用程度		用地结构状况		土地利用强度				产业用地投入产出效益			土地利用监管绩效		土地供应市场化程度	
		土地供应率	土地建成率	工业用地率	高新技术产业用地率	综合容积率	建筑密度	工业用地综合容积率	工业用地建筑系数	工业用地固定资产投入强度	工业用地投入产出强度	高新技术产业用地产出强度	到期项目用地处置率	闲置土地处置率	土地有偿使用实现率	土地招拍挂实现率
S137023	河北香河经济开发区	1.00	0.85	0.26	0.00	0.48	0.17	0.43	0.45	3090.82	2092.46		100.00	100.00	100.00	82.04
S137039	河北邢台经济开发区	0.96	1.00	0.48	0.00	0.38	0.23	0.42	0.32	2620.00	2735.00		100.00	100.00	100.00	100.00
S137006	河北宣化经济开发区	1.00	1.00	0.30	0.06	0.42	0.14	0.69	0.53	2488.68	4078.74	4325.46	100.00	100.00	100.00	0.00
S137020	河北燕郊经济开发区	1.00	0.86	0.36	0.10	0.79	0.33	0.86	0.42	3903.92	2658.66	3814.29	0	0	100.00	0.00
S137045	河北永年工业园区	0.99	0.87	0.60	0.00	0.63	0.32	0.69	0.58	2119.27	1951.05		100.00	100.00	100.00	100.00
S137022	河北永清工业园区	0.97	0.80	0.72	0.00	0.39	0.32	0.53	0.64	1751.67	2108.20		100.00	100.00	100.00	100.00
S137016	河北玉田工业园区	0.99	0.68	0.28	0.00	0.48	0.26	0.47	0.32	1565.19	4835.24		100.00	100.00	100.00	100.00

续表

| 开发区代码 | 开发区名称 | 土地利用状况 | | | | | | | | 用地效益 | | | 管理绩效 | | | |
| | | 土地利用程度 | | 用地结构状况 | | 土地利用强度 | | | | 产业用地投入产出效益 | | | 土地利用监管绩效 | | 土地供应市场化程度 | |
		土地供应率	土地建成率	工业用地率	高新技术产业用地率	综合容积率	建筑密度	工业用地综合容积率	工业用地建筑系数	产业用地固定资产投入强度	工业用地产出强度	高新技术产业用地产出强度	到期项目用地处置率	闲置土地处置率	土地有偿使用实现率	土地招拍挂实现率
S137007	河北张家口沙城经济开发区	0.79	1.00	0.17	0.00	0.44	0.33	0.43	0.35	505.96	802.44		100.00	100.00	100.00	100.00
S137028	河北涿州经济开发区	0.97	0.92	0.44	0.00	0.60	0.23	0.45	0.29	2574.17	2951.88		100.00	100.00	100.00	75.17
G131050	河北廊坊经济技术开发区	0.98	0.88	0.46	0.00	0.54	0.35	0.83	0.83	3516.67	2237.65		100.00	100.00	100.00	20.26
G131003	秦皇岛经济技术开发区	0.76	0.89	0.48	0.00	0.67	0.34	0.85	0.53	3673.86	5579.03		100.00	100.00	100.00	100.00
S137038	河北景县工业园区	0.55	0.93	0.56	0.00	0.72	0.35	0.78	0.46	4984.59	3638.89		100.00	100.00	82.33	67.85
S137036	河北冀州经济开发区	0.87	1.00	0.61	0.00	0.51	0.24	0.57	0.36	1512.10	1533.05		100.00	100.00	67.82	39.93
S139037	河北枣强玻璃钢产业园区	0.92	0.97	0.43	0.00	0.60	0.29	0.67	0.39	2408.77	6632.02		100.00	100.00	67.49	32.48

续表

开发区代码	开发区名称	土地利用状况									用地效益				管理绩效				
		土地利用程度		用地结构状况		土地利用强度				产业用地投入产出效益			高新技术产业用地产出强度	土地利用监管绩效			土地供应市场化程度	
		土地供应率	土地建成率	工业用地率	高新技术产业用地率	综合容积率	建筑密度	工业用地综合容积率	工业用地建筑系数	工业用地固定资产投入强度	工业用地投入产出强度			到期项目用地处置率	闲置土地处置率	土地有偿使用实现率	土地招拍挂实现率	
S137009	河北北戴河经济开发区	0.54	0.91	0.64	0.00	0.43	0.23	0.65	0.34	3092.03	2019.39			100.00	100.00	54.17	8.40	
S137008	河北山海关经济开发区	0.70	0.91	0.60	0.00	0.95	0.32	0.76	0.38	2951.89	2083.27			100.00	100.00	99.60	45.59	
S137044	河北涉县经济开发区	0.68	0.96	0.44	0.00	0.27	0.12	0.37	0.27	2450.00	2399.04			100.00	100.00	79.97	53.33	
S137040	河北省清河经济开发区	0.80	0.77	0.54	0.01	0.37	0.22	0.63	0.40	1919.25	3827.30	0.00		100.00	100.00	91.03	84.87	
S137031	河北任丘经济开发区	0.86	1.00	0.58	0.00	0.45	0.30	0.66	0.44	5407.27	11002.66			100.00	100.00	100.00	100.00	
S137034	河北昊桥经济开发区	1.00	1.00	0.50	0.00	0.59	0.30	0.71	0.40	2486.05	2590.77			100.00	100.00	91.69	54.74	
S137035	河北衡水经济开发区	0.91	1.00	0.44	0.00	0.93	0.21	0.71	0.35	998.22	1165.71			100.00	100.00	100.00	82.04	

续表

开发区代码	开发区名称	土地利用状况								用地效益			管理绩效			
		土地利用程度		用地结构状况		土地利用强度				用地投入产出效益			土地利用监管绩效		土地供应市场化程度	
		土地供应率	土地建成率	工业用地率	高新技术产业用地率	综合容积率	建筑密度	工业用地综合容积率	工业用地建筑系数	产业用地固定资产投入强度	工业用地产出强度	高新技术产业用地产出强度	到期项目用地处置率	闲置土地处置率	土地有偿使用实现率	土地招拍挂实现率
G132004	保定高新技术产业开发区	0.98	0.92	0.60	0.33	0.63	0.26	0.60	0.42	5737.57	12271.38	13699.79	0	0	0.00	0.00
G132003	石家庄高新技术产业开发区	1.00	0.91	0.30	0.08	0.70	0.25	0.50	0.48	3808.72	8304.34	8888.32	0	0	0.00	0.00
S138004	河北承德高新技术产业园区	0.74	0.76	0.26	0.13	0.52	0.25	0.74	0.50	10777.55	6301.37	9428.88	0	0	0.00	0.00
S137012	河北唐山南堡经济开发区	0.99	0.87	0.38	0.00	0.46	0.20	0.44	0.37	2638.34	2512.28	/	100.00	100.00	71.62	35.34
S137019	河北霸州经济开发区	0.47	0.84	0.36	0.00	0.56	0.29	0.51	0.39	2993.17	3169.14	/	100.00	100.00	100.00	90.93
S137021	河北固安工业园区	0.79	0.80	0.40	0.00	0.53	0.25	0.29	0.38	2456.89	1803.99	/	100.00	100.00	100.00	99.34

五、指标标准化

评价指标标准化应采用理想值比例推算法，以指标实现度分值进行度量，按以下公式计算：

$$S_{ijk} = \frac{X_{ijk}}{T_{ijk}} \times 100$$

式中：S_{ijk} —— i 目标 j 子目标 k 指标的实现度分值；

X_{ijk} —— i 目标 j 子目标 k 指标的现状值；

T_{ijk} —— i 目标 j 子目标 k 指标的理想值。

六、土地利用集约度分值计算

1. 子目标分值计算

开发区土地利用集约度各子目标分值按以下公式计算：

$$F_{ij} = \sum_{k=1}^{n} (S_{ijk} \times w_{ijk})$$

式中：F_{ij} —— i 目标 j 子目标的土地利用集约度分值；

S_{ijk} —— i 目标 j 子目标 k 指标的实现度分值；

w_{ijk} —— i 目标 j 子目标 k 指标相对 j 子目标的权重值；

n —— 指标个数。

2. 目标分值计算

开发区土地利用集约度目标分值按以下公式计算：

$$F_i = \sum_{j=1}^{n} (F_{ij} \times w_{ij})$$

式中：F_i —— i 目标的土地利用集约度分值；

F_{ij} —— i 目标 j 子目标的土地利用集约度分值；

w_{ij} —— i 目标 j 子目标相对 i 目标的权重值；

n —— 子目标个数。

3. 集约度综合分值计算

开发区土地利用集约度综合分值按以下公式计算：

$$F = \sum_{i=1}^{n} (F_i \times w_i)$$

式中：F —— 土地利用集约度综合分值；

F_i —— i 目标的土地利用集约度分值；

w_i —— i 目标的权重值；

n —— 目标个数。

七、评价结果

开发区土地集约利用评价结果见表 4 - 12，土地集约利用程度排名见表 4 - 13。

表 4 - 12   开发区土地集约利用评价结果

开发区代码	开发区名称	综合分值	开发区代码	开发区名称	综合分值
S137032	河北黄骅经济开发区	65.70	S137041	河北邯郸经济开发区	66.66
S137030	沧州经济开发区	57.18	G134004	河北廊坊出口加工区	55.22
S137026	河北大厂工业园区	67.06	S137014	河北滦县经济开发区	70.66
S137024	河北大城工业园区	51.51	G134003	河北秦皇岛出口加工区	55.88
S137027	河北保定工业园区	70.42	S137015	河北唐山海港经济开发区	62.61
S139033	河北沧州临港化工产业园区	58.48	S137017	河北唐山芦台经济开发区	51.11
S137011	河北丰南经济开发区	83.95	S137025	河北文安工业园区	61.08
S137029	河北高碑店经济开发区	67.61	S137042	河北武安工业园区	66.34

开发区代码	开发区名称	综合分值	开发区代码	开发区名称	综合分值
S137023	河北香河经济开发区	56.93	S137031	河北任丘经济开发区	83.80
S137039	河北邢台经济开发区	61.92	S137034	河北吴桥经济开发区	63.73
S137006	河北宣化经济开发区	57.51	S137035	河北衡水经济开发区	59.23
S137045	河北永年工业园区	66.90	S137012	河北唐山南堡经济开发区	54.71
S137022	河北永清工业园区	65.90	S137019	河北霸州经济开发区	59.46
S137016	河北玉田工业园区	58.20	S137021	河北固安工业园区	57.00
S137007	河北张家口沙城经济开发区	50.28	S137001	河北辛集经济开发区	70.46
S137028	河北涿州经济开发区	60.77	S137002	河北藁城经济开发区	62.13
G131050	河北廊坊经济技术开发区	65.93	S137003	河北鹿泉经济开发区	56.47
G131003	秦皇岛经济技术开发区	73.00	S137005	河北省张家口经济开发区	41.40
S137038	河北景县工业园区	70.45	S137013	河北昌黎工业园区	54.89
S137036	河北冀州经济开发区	57.03	S137043	河北邯郸工业园区	51.32
S139037	河北枣强玻璃钢产业园区	64.33	S137020	河北燕郊经济开发区	68.05
S137009	河北北戴河经济开发区	55.96	G132004	保定高新技术产业开发区	97.26
S137008	河北山海关经济开发区	65.79	G132003	石家庄高新技术产业开发区	74.62
S137044	河北涉县经济开发区	52.20	S138004	河北承德高新技术产业园区	78.14
S137040	河北省清河经济开发区	60.73	S138010	河北唐山高新技术产业园区	76.25

表 4-13 　　　　　　　　　　　开发区土地集约利用程度排名

排名	开发区代码	开发区名称	综合分值	排名	开发区代码	开发区名称	综合分值
1	G132004	保定高新技术产业开发区	97.26	16	S137041	河北邯郸经济开发区	66.66
2	S137011	河北丰南经济开发区	83.95	17	S137042	河北武安工业园区	66.34
3	S137031	河北任丘经济开发区	83.80	18	G131050	河北廊坊经济技术开发区	65.93
4	S138004	河北承德高新技术产业园区	78.14	19	S137022	河北永清工业园区	65.90
5	S138010	河北唐山高新技术产业园区	76.25	20	S137008	河北山海关经济开发区	65.79
6	G132003	石家庄高新技术产业开发区	74.62	21	S137032	河北黄骅经济开发区	65.70
7	G131003	秦皇岛经济技术开发区	73.00	22	S139037	河北枣强玻璃钢产业园区	64.33
8	S137014	河北滦县经济开发区	70.66	23	S137034	河北吴桥经济开发区	63.73
9	S137001	河北辛集经济开发区	70.46	24	S137015	河北唐山海港经济开发区	62.61
10	S137038	河北景县工业园区	70.45	25	S137002	河北藁城经济开发区	62.13
11	S137027	河北保定工业园区	70.42	26	S137039	河北邢台经济开发区	61.92
12	S137020	河北燕郊经济开发区	68.05	27	S137025	河北文安工业园区	61.08
13	S137029	河北高碑店经济开发区	67.61	28	S137028	河北涿州经济开发区	60.77
14	S137026	河北大厂工业园区	67.06	29	S137040	河北省清河经济开发区	60.73
15	S137045	河北永年工业园区	66.90	30	S137019	河北霸州经济开发区	59.46

排名	开发区代码	开发区名称	综合分值	排名	开发区代码	开发区名称	综合分值
31	S137035	河北衡水经济开发区	59.23	41	G134003	河北秦皇岛出口加工区	55.88
32	S139033	河北沧州临港化工产业园区	58.48	42	G134004	河北廊坊出口加工区	55.22
33	S137016	河北玉田工业园区	58.20	43	S137013	河北昌黎工业园区	54.89
34	S137006	河北宣化经济开发区	57.51	44	S137012	河北唐山南堡经济开发区	54.71
35	S137030	沧州经济开发区	57.18	45	S137044	河北涉县经济开发区	52.20
36	S137036	河北冀州经济开发区	57.03	46	S137024	河北大城工业园区	51.51
37	S137021	河北固安工业园区	57.00	47	S137043	河北邯郸工业园区	51.32
38	S137023	河北香河经济开发区	56.93	48	S137017	河北唐山芦台经济开发区	51.11
39	S137003	河北鹿泉经济开发区	56.47	49	S137007	河北张家口沙城经济开发区	50.28
40	S137009	河北北戴河经济开发区	55.96	50	S137005	河北省张家口经济开发区	41.40

八、结果分析

从上述开发区土地集约利用程度排名可以看出保定高新技术产业开发区综合分值最高，为97.26，排名第一，土地集约利用程度在全省开发区排名第一；其次为河北丰南经济开发区，分值为83.95，第三为河北任丘经济开发区，综合分值83.80。分值最低的为河北省张家口经济开发区，分值为41.40，土地集约利用程度最低；倒数第二为河北张家口沙城经济开发区，分值为50.26，倒数第三为河北唐山芦台经济开发区，分值为51.11。

依据开发区土地集约利用评价排序，总结开发区集约利用的规律，可以看出，区位优势很大程度上影响了开发区土地集约利用的实现，开发区土地规模要与区域社会经济发展水平和吸引外资能力相协调。因此，土地供求紧张的开发区由于产业和项目发展空间受限，可适当向低水平开发区进行项目转移，或适度拓展开发区面积；欠集约和基本集约开发区由于土地资源供过于求，土地利用较粗放，在一定时期内控制供应土地，而以完善基础设施、改善政策以吸引投资和项目为主要发展目标；集约程度较低的开发区应适当进行退耕。同时，区位因素作用下形成的区域内部、区际之间的土地市场无序、不良竞争依然存在，导致土地资产投入回收率较低，形成资产流失。应通过转变政府直接管制的土地用途管制方式，实现土地税费调节与产权流转相结合的土地用途管制方式，增强政府土地宏观调控职能对于市场体系的适应性。今后要建立循环经济型土地利用体系，增强地块之间的产业联接，促进物质资源的循环利用，减少废弃物排放，从而在提高土地利用经济效益的基础上，实现生态效益的最大化。

本章小结

本章介绍了河北省开发区建设现状，包括国家级开发区、省级开发区和首批省级产业聚集区，分析了开发区建设用地存在的问题，探讨了开发区土地集约利用的内涵，并对开发区进行了集约利用评价和排序，评价结果显示，开发区土地规模要与区域社会经济发展水平和吸引外资能力相协调。今后应建立循环经济型土地利用体系，增强地块之间的产业联接，促进物质资源的循环利用，提高开发区土地集约利用水平。

第五章

河北省农村居民点集约利用研究

第一节　河北省农村居民点用地现状

一、农村居民点用地有序性差，布局散乱

农民住房偏好临水、沿路而建。平原地区的农户为方便下田生产，通常靠近农田建房，"田中建房"的现象屡见不鲜，整体布局十分凌乱，存在不少边角空闲地。近年来，一些进城务工、经济条件显著改善的农民返乡后，多倾向于搬迁到公路边建房，并且偏好单家独院，不愿相邻而建。这样的布局，降低了土地利用率，分割碎化了农业生产土地，阻碍了农业生产机械化和专业化的发展，延缓了农业生产效率的提高，同时也使得电力、交通、通信等基础设施建设投资分散、耗资巨大且效益低下，部分乡镇企业与人居住宅混杂在一起，给村内居民的生存环境带来了不少问题（如道路不畅、空气污染等），影响了农民生活质量的提高。同时，少规模较小的农村居民点零星分散在山地、丘陵地区，多是3～4户农户聚集在一个村落，还有相当一部分农村居民点是单户分布。

二、农村居民点用地总体规模并未减少，且占用大量耕地

城市化迅速发展，大量农村人口流向城镇，农村人口实际上正以较快速度在减少，国家土地利用规划也明确规定，"城镇规模扩大应该建立在农村

居民点用地缩并的基础上"，并且希望农村居民点用地总规模在规划期内逐步缩小。但农村居民点总面积却不同程度地出现了与城市建设用地规模同步扩张的现象。河北省农村居民点面积从1999年的966664.67公顷扩张到2008年的987297.91公顷。

与此同时，农村居民点用地占用大量的耕地，使得耕地面积日趋紧张，河北省由于耕地后备资源严重不足，人多地少的矛盾日益尖锐。

三、人均农村居民点用地水平偏高，土地利用率较低，土地资源浪费现象严重

根据《镇规划标准》（中华人民共和国国家标准 GB50177—2007），农民兴建、改建房屋宅基地（含附属设施）总面积，使用农用地的每户不得超过140平方米，使用未利用土地（建设用地）的每户不得超过200平方米。市、县人民政府可在上述限额内，根据本地人均耕地情况确定本行政区域内农民住宅占地标准。然而近几年，农村居民点用地的增幅高于农村人口增幅，以致人均农村居民点用地面积远超标准，且有明显上扬的趋势。

受"住房的大小表示其富裕程度"这一传统观念的影响，农宅面积普遍偏大，利用率却相对较低，导致土地资源浪费。大多数住宅占地都超过当地规定的标准，户均宅基地超过200平方米的比比皆是，土地资源出现了严重浪费，与非农化趋势相背。农村建筑技术、材料开发技术、设备技术等都相对落后，结构体系单一，产业化水平极低，大部分为农户自建，制约了农村住宅的建筑层数、住宅面积的使用系数、住宅的使用寿命，影响农村居民点用地的高效利用。

四、"空心村"现象普遍

"空心村"通常是指村庄面积盲目扩大，新住宅多向村外发展，村庄内部出现大面积空闲宅基地的一种特殊结构布局的村庄，是一种特殊的土地利用状况。由于村内基础设施、环境等较差，不少农户选择向村外拓展建房，且多集中在村庄外交通和环境较好地带，而不愿在旧宅基地上翻建新房。旧房则由老人居住、存放杂物，甚至闲置，从而出现了村庄外围景观美丽，而

内部多为破旧不堪的景象。面对这种建新不拆旧的现象，部分乡、村组织或放任自流，或受利益驱动，对违规建房先是默许，后是罚款，无意间给农民"乱建房屋最多就是罚款"的信号，客观上纵容了违规建房的歪风。

第二节　河北省农村居民点综合分类

一、农村居民点分布影响因素分析

（一）地形地貌

地形地貌对农村居民点的空间分布和集约利用程度有一定影响。一般来说，农村居民点分布趋向于坡度较小、地势较平坦的地区，地形平坦区农村居民点分布密度远大于地形陡峭区。本次河北省农村居民点综合分类中，将地形地貌因素划分为山地、丘陵、平原三类。

（二）交通条件

为了社会产品交换的需要，许多聚集的居民点总是分布在交通发达的地点或交通线路能够到达的地区。新的国家铁路、公路交通干线的开辟，促进了沿线居民点的发展和人口的集中。考虑到数据获得和实际操作的可行性，本次河北省农村居民点综合分类主要采用公路路网密度数据，即公路里程/行政区域面积。

（三）区位条件

区位条件直接影响农村居民点的布局，区位条件越好，农村居民点布局越趋合理，集约利用程度也较高。本次河北省农村居民点综合分类采用距中心城市的远近来反映区位条件的好坏，距中心城市越近，区位条件越好；反之，则越差。

（四）国家政策

国家政策的变化对农民居住方式影响很大，影响和制约着农村居民点空间布局的发展。多年的家庭联产承包责任制使土地分散经营，导致我国农村居民点布局分散，为了促进我国城镇化发展，国家鼓励农村土地承包经营权流转，从而实现合理布局农村居民点、达到高效集约用地的目的。由于国家和河北省政策的倾斜，环京津和环省会地区，农村居民点布局变化较大，集约利用水平较高。

（五）经济发展水平

经济发展水平对居民点布局的影响是显而易见的，在经济水平较高的地区，农村居民点依托当地经济有规划地发展，农村居民点布局越来越密集。而在那些经济水平较低的区域，由于人们生活水平很低，为了改变现状，大量农村劳动力外出打工或搬迁到经济较发达的地区，农村居民点布局松散，粗放利用。本次河北省农村居民点综合分类，选用农村人均纯收入和县域GDP为影响因素指标。

（六）城市化水平

城市化水平越高，农村居民点布局越合理，集约利用程度越高；反之，则越差。

二、农村居民点综合分类的原则

（一）多因素综合分析，以主导因素为主的原则

农村居民点的分布及用地规模是多种因素综合作用的结果，地形地貌、交通、区位、城市化水平以及社会经济条件等对农村居民点的分布都起着影响，必须考虑多方面的影响因素；然而，各因素对农村居民点的影响程度又是不同的，有些因素影响显著，有些因素影响则较小。因此，必须在综合考虑多方面因素的同时，选取主导因素作为农村居民点综合分类的依据。

（二）定性定量结合以定量为主的原则

为了减少或避免人为的主观性和随意性，在农村居民点综合分类过程中，应尽量把定性的、经验的分析因素进行量化，以定量计算为主。而对某

些难以量化的自然、社会、经济的因素也要采用必要的定性分析。

(三) 区域性和差异性原则

农村居民点综合分类的目的在于测算各类型农村居民点集约用地标准，由于各地组成因素，如地形地貌、交通、区位、社会经济发展水平等存在着区域差异，势必导致居民点分布的区域差异和集约用地标准不同；因此，农村居民点综合分类应充分反映各类型的区域性和差异性。

(四) 可操作性原则

农村居民点综合分类中，影响因素和指标的选取要具有科学性和可行性，要在实际工作中便于操作，具有普遍性和可推广价值。

三、农村居民点综合分类方法和过程

聚类分析是根据地理变量（指标或样品）的属性或特征的相似性、亲疏程度，用数学的方法把它们分型划类，最后得到一个能反映个体或站点之间、群体之间亲疏关系的分类系统。根据分类目的的不同，聚类分析可以分为两类：一类是对地点、地区或样品的分类，称为 Q 型聚类分析；另一类是对要素、指标或变量进行分类，称为 R 型聚类分析。聚类分析的步骤如下：

(一) 确定聚类分析指标选择和原始数据获取

聚类分析指标选择应具有明确的实际意义和较强的分辨力和代表性。根据上述对农村居民点影响因素的分析，选取县域土地面积、农村人均纯收、GDP、路网密度、地形地貌、距中心城市距离、城市化水平和政策规划因素作为本次聚类分析的统计指标。

各县域土地面积、农村人均纯收入、GDP、公路里程、城市化水平等因素取自《河北经济统计年鉴》，地形地貌因素参考《河北土地资源》河北省农业生态区划分，距中心城市距离为各个县（市）距离各自中心城市的距离，根据 http://www.jdcsww.com/tools/other/selmile.asp 网站查询得出，政策规划因素通过河北省地图判读得出。

将河北省农村居民点现状数据原始数据，见表 5－1。

表5-1   河北省农村居民点现状

市	县	县域土地面积（平方公里）	农村人均纯收入（元）	GDP（万元）	公路里程（公里）	地形地貌	距中心城市距离（公里）	城市化水平（％）	政策规划因素
石家庄市	井陉县	1381	5557	1001942	1022	太行山区	44.9	46.31	
	正定县	468	7399	1405160	1095	太行山前平原区	19.4	46.31	环省会
	栾城县	345	7215	1150322	524	太行山前平原区	17.8	46.31	环省会
	行唐县	1025	3470	850273	1136	太行山区	52.3	46.31	
	灵寿县	1066	2960	593343	596	太行山区	44.1	46.31	
	高邑县	222	5448	364445	637	太行山前平原区	52.1	46.31	环省会
	深泽县	296	5316	477173	360	太行山前平原区	75.9	46.31	
	赞皇县	1210	2910	448948	711	太行山区	53.3	46.31	
	无极县	524	6272	1005152	627	太行山前平原区	56	46.31	
	平山县	2648	3312	1410592	2504	太行山区	35.4	46.31	
	元氏县	668	5878	883002	798	太行山区	34	46.31	环省会
	赵 县	674	6116	1114420	546	太行山前平原区	37.6	46.31	
	辛集市	951	6890	2067005	1012	太行山前平原区	70.4	46.31	
	藁城市	836	7731	2614310	1205	太行山前平原区	33	46.31	环省会
	晋州市	619	7495	1290925	670	太行山前平原区	50.5	46.31	
	新乐市	525	7360	1117822	848	太行山前平原区	44.4	46.31	
	鹿泉市	603	7835	1908215	760	太行山区	25.2	46.31	环省会

市	县	县域土地面积（平方公里）	农村人均纯收入（元）	GDP（万元）	公路里程（公里）	地形地貌	距中心城市距离（公里）	城市化水平（%）	政策规划因素
承德市	承德县	3844	3792	724816	2327	燕山山区	38.9	40.21	
	兴隆县	3123	4881	558558	2630	燕山山区	122.9	40.21	环首都
	平泉县	3296	4218	681594	1744	燕山山区	89.4	40.21	
	滦平县	2993	3258	760261	1983	燕山山区	62.1	40.21	环首都
	隆化县	5475	3524	566710	2450	燕山山区	61	40.21	
	丰宁满族自治县	8765	2686	471986	2483	燕山山区	180	40.21	环首都
	宽城满族自治县	1936	4930	1325203	1309	燕山山区	88	40.21	
	围场满蒙自治县	9220	2607	425838	2609	燕山山区	139.6	40.21	
张家口市	宣化县	2057	3933	402806	973	太行山区	34.7	46.1	
	张北县	3863	2953	406390	2405	内陆河区	48.8	46.1	
	康保县	3365	2792	209653	2474	内陆河区	134.9	46.1	
	沽源县	3388	2649	170405	1543	内陆河区	164.2	46.1	
	尚义县	2633	2810	165404	531	内陆河区	118.7	46.1	
	蔚　县	3220	2698	541636	1839	太行山区	144	46.1	
	阳原县	1849	2585	366872	1337	太行山区	124.8	46.1	
	怀安县	1706	3548	353210	1474	太行山区	53.8	46.1	
	万全县	1162	3620	293715	938	太行山区	18.6	46.1	
	怀来县	1801	6065	729607	1077	太行山区	84.1	46.1	环首都
	涿鹿县	2802	4106	462496	1545	太行山区	75.9	46.1	环首都
	赤城县	5287	2645	362661	1594	太行山区	120.4	46.1	环首都
	崇礼县	2324	3106	169637	1148	太行山区	52.8	46.1	

市	县	县域土地面积（平方公里）	农村人均纯收入（元）	GDP（万元）	公路里程（公里）	地形地貌	距中心城市距离（公里）	城市化水平（%）	政策规划因素
秦皇岛市	青龙满族自治县	3510	3398	632605	2520	燕山山区	112	46.8	
	昌黎县	1212	6190	1054336	1899	燕山丘陵平原区	37.1	46.8	
	抚宁县	1618	5816	1100805	1954	燕山丘陵平原区	31.6	46.8	
	卢龙县	961	5440	596134	1580	燕山丘陵平原区	62.6	46.8	
唐山市	滦县	1027	6936	2044689	1174	太行山区	50.5	51.25	
	滦南县	1270	6441	2267838	1429	滨海平原区	47.8	51.25	
	乐亭县	1417	7846	2182405	1859	滨海平原区	70.6	51.25	
	迁西县	1439	7348	2815519	1136	燕山丘陵平原区	71.5	51.25	
	玉田县	1165	6850	2150762	2077	太行山区	57.5	51.25	
	唐海县	732	7878	639035	574	滨海平原区	54	51.25	
	遵化市	1513	7360	3920020	1350	燕山丘陵平原区	74.7	51.25	
	迁安市	1208	9776	5341892	2338	燕山丘陵平原区	76.2	51.25	
廊坊市	固安县	697	6096	520105	959	太行山前平原区	40.9	42.43	环首都
	永清县	774	6250	484925	939	太行山前平原区	30	42.43	
	香河县	458	8207	858540	883	太行山区	50.6	42.43	环首都
	大城县	910	5972	642706	999	黑龙港区	94	42.43	
	文安县	1038	6688	989686	1332	黑龙港区	83.1	42.43	
	大厂回族自治县	176	6841	390745	367	太行山区	65.2	42.43	环首都
	霸州市	784	7104	2140801	1159	黑龙港区	56.6	42.43	
	三河市	643	7881	2603451	1104	太行山区	80.9	42.43	环首都

续表

市	县	县域土地面积（平方公里）	农村人均纯收入（元）	GDP（万元）	公路里程（公里）	地形地貌	距中心城市距离（公里）	城市化水平（%）	政策规划因素
保定市	满城县	658	5304	547841	646	太行山区	23.2	36.51	
	清苑县	867	5561	653833	743	太行山前平原区	15.2	36.51	
	涞水县	1658	3477	287695	908	太行山区	77.6	36.51	环首都
	阜平县	2495	2299	191041	1302	太行山区	144.1	36.51	
	徐水县	723	5941	802164	1309	太行山前平原区	23.4	36.51	
	定兴县	714	5441	504304	802	太行山前平原区	53.8	36.51	
	唐县	1417	2793	354683	920	太行山区	56	36.51	
	高阳县	498	6270	607707	425	黑龙港区	32.2	36.51	
	容城县	314	5985	400119	308	太行山前平原区	43.7	36.51	
	涞源县	2448	1930	311820	745	太行山区	139.9	36.51	
	望都县	370	3962	296437	553	太行山前平原区	39.5	36.51	
	安新县	724	5448	436762	511	黑龙港区	42.2	36.51	
	易县	2534	3465	547201	1433	太行山区	68.6	36.51	
	曲阳县	1084	2372	418952	1030	太行山区	85.7	36.51	
	蠡县	652	6044	478750	625	黑龙港区	49.5	36.51	
	顺平县	708	2354	293476	820	太行山区	39.5	36.51	
	博野县	331	4647	246717	377	太行山前平原区	50.1	36.51	
	雄县	524	5375	478636	627	黑龙港区	68.7	36.51	
	涿州市	742	6567	1457766	882	太行山前平原区	83.4	36.51	环首都
	定州市	1274	5056	1451765	1782	太行山前平原区	66.2	36.51	
	安国市	486	6024	608102	502	太行山前平原区	57.3	36.51	
	高碑店市	618	5580	708980	867	太行山前平原区	63.2	36.51	

市	县	县域土地面积（平方公里）	农村人均纯收入（元）	GDP（万元）	公路里程（公里）	地形地貌	距中心城市距离（公里）	城市化水平（%）	政策规划因素
沧州市	沧　县	1520	5492	1455465	1768	黑龙港区	4.2	39.51	
	青　县	968	5647	1033453	847	黑龙港区	33	39.51	
	东光县	711	4713	716620	1087	黑龙港区	61.8	39.51	
	海兴县	920	3028	191958	595	滨海平原区	69.6	39.51	
	盐山县	795	3986	680294	965	滨海平原区	45.5	39.51	
	肃宁县	515	5216	729211	517	黑龙港区	97.3	39.51	
	南皮县	790	3794	480824	824	黑龙港区	38.3	39.51	
	吴桥县	583	4726	404182	892	黑龙港区	94.3	39.51	
	献　县	1173	4286	977504	1438	黑龙港区	72.2	39.51	
	孟村回族自治县	387	4242	446860	524	黑龙港区	40.8	39.51	
	泊头市	1007	4922	993354	1520	黑龙港区	41.7	39.51	
	任丘市	1012	6511	3152866	1553	黑龙港区	103.3	39.51	
	黄骅市	1545	6592	1353086	1578	滨海平原区	44.8	39.51	
	河间市	1333	5611	1483852	1270	黑龙港区	70.6	39.51	
衡水市	枣强县	905	3981	448195	969	黑龙港区	29.4	33.47	
	武邑县	832	2854	371398	1127	黑龙港区	21.8	33.47	
	武强县	443	2815	291912	634	黑龙港区	52.5	33.47	
	饶阳县	572	2670	301124	610	黑龙港区	60	33.47	
	安平县	496	5030	622707	639	黑龙港区	73.3	33.47	
	故城县	941	3979	542458	939	黑龙港区	63.1	33.47	
	景　县	1188	4728	735461	1501	黑龙港区	60.3	33.47	
	阜城县	695	2691	357001	1003	黑龙港区	48.7	33.47	
	冀州市	917	4673	588794	1109	黑龙港区	25.9	33.47	
	深州市	1245	4426	715721	1461	黑龙港区	45.1	33.47	

市	县	县域土地面积（平方公里）	农村人均纯收入（元）	GDP（万元）	公路里程（公里）	地形地貌	距中心城市距离（公里）	城市化水平（%）	政策规划因素
邢台市	邢台县	1918	5435	937765	1787	太行山区	5.1	36.81	
	临城县	797	3402	286019	700	太行山区	51.1	36.81	
	内丘县	788	4392	610895	831	太行山区	31.7	36.81	
	柏乡县	268	5182	174511	231	太行山前平原区	60.6	36.81	
	隆尧县	749	4898	757433	980	太行山前平原区	53.2	36.81	
	任县	431	4655	208239	403	太行山前平原区	23.6	36.81	
	南和县	406	4518	232635	454	太行山前平原区	21.9	36.81	
	宁晋县	1029	5340	1221662	1797	太行山前平原区	91.4	36.81	
	巨鹿县	630	3235	326450	816	黑龙港区	65.1	36.81	
	新河县	366	3474	149169	311	黑龙港区	105.8	36.81	
	广宗县	503	3130	213764	549	黑龙港区	63	36.81	
	平乡县	412	3291	224754	412	黑龙港区	52.6	36.81	
	威县	994	3383	297685	1402	黑龙港区	76	36.81	
	清河县	502	5956	967290	691	黑龙港区	124.5	36.81	
	临西县	542	4730	334901	783	黑龙港区	104.4	36.81	
	南宫市	854	4530	530891	899	黑龙港区	101	36.81	
	沙河市	999	5720	1181341	1534	太行山区	26.1	36.81	
邯郸市	邯郸县	463	6306	1485485	725	太行山前平原区	7.4	43.1	
	临漳县	744	5378	600915	1010	太行山前平原区	43.3	43.1	
	成安县	482	5330	588850	979	太行山前平原区	32	43.1	
	大名县	1053	3794	663285	1227	黑龙港区	76.5	43.1	

市	县	县域土地面积（平方公里）	农村人均纯收入（元）	GDP（万元）	公路里程（公里）	地形地貌	距中心城市距离（公里）	城市化水平（%）	政策规划因素
邯郸市	涉　县	1509	4950	1834422	2017	太行山区	82.1	43.1	
	磁　县	1015	6071	1498637	1983	太行山区	32.6	43.1	
	肥乡县	503	4985	402500	786	黑龙港区	33.7	43.1	
	永年县	898	6112	1602790	1731	太行山前平原区	20.7	43.1	
	邱　县	448	4845	372475	592	黑龙港区	76	43.1	
	鸡泽县	336	4636	404511	539	黑龙港区	62.7	43.1	
	广平县	320	4338	398894	349	黑龙港区	50.4	43.1	
	馆陶县	456	4293	441442	845	黑龙港区	79.7	43.1	
	魏　县	864	3965	729876	1405	黑龙港区	56.4	43.1	
	曲周县	677	5402	578966	849	黑龙港区	54.1	43.1	
	武安市	1806	6294	3908877	1321	太行山区	27.3	43.1	

（二）数据标准化处理

即将各代表统计指标的数据标准化，以消除量纲的影响，便于分析和比较。

首先，定性指标量化处理：主要是将地形地貌因素和国家政策因素进行量化。考虑到河北省农村居民点的现状，在咨询有关专家的基础上将山地赋值为1，丘陵赋值为1.5，平原赋值为2，将环首都环省会有政策规划因素影响的地区赋值为1，没有影响的区域赋值为0。

其次，定量数据的标准化处理：由于河北省农村居民点集约利用现状的复杂性和系统聚类评价因素的多样性，在多指标评价体系中，由于各评价指标的性质不同，通常具有不同的量纲和数量级。当各指标间的水平相差很大时，如果直接用原始指标值进行分析，就会突出数值较高的指标在综合分析中的作用，相对削弱数值水平较低指标的作用。因此，为了保证结果的可靠性，需要对原始指标数据进行标准化处理。

对于正向指标：$y_{ij} = x_{ij}/\max(x_{ij})$

对于逆向指标：yij = min（xij）／xij

标准化后数据结果见表 5 -2。

表 5 -2　　　　　　　河北省农村居民点现状标准化后的数据

县	距中心城市距离	地形地貌	路网密度	农村人均纯收入	GDP	城市化水平	政策因素
井陉县	0.09	0.50	0.26	0.57	0.19	0.90	0.00
正定县	0.22	1.00	0.82	0.76	0.26	0.90	1.00
栾城县	0.24	1.00	0.53	0.74	0.22	0.90	1.00
行唐县	0.08	0.50	0.39	0.35	0.16	0.90	0.00
灵寿县	0.10	0.50	0.19	0.30	0.11	0.90	0.00
高邑县	0.08	1.00	1.00	0.56	0.07	0.90	1.00
深泽县	0.06	1.00	0.42	0.54	0.09	0.90	0.00
赞皇县	0.08	0.50	0.20	0.30	0.08	0.90	0.00
无极县	0.08	1.00	0.42	0.64	0.19	0.90	0.00
平山县	0.12	0.50	0.33	0.34	0.26	0.90	0.00
元氏县	0.12	0.50	0.42	0.60	0.17	0.90	1.00
赵　县	0.11	1.00	0.28	0.63	0.21	0.90	0.00
辛集市	0.06	1.00	0.37	0.70	0.39	0.90	0.00
藁城市	0.13	1.00	0.50	0.79	0.49	0.90	0.00
晋州市	0.08	1.00	0.38	0.77	0.24	0.90	0.00
新乐市	0.09	1.00	0.56	0.75	0.21	0.90	0.00
鹿泉市	0.17	0.50	0.44	0.80	0.36	0.90	1.00
承德县	0.11	0.75	0.21	0.39	0.14	0.78	0.00
兴隆县	0.03	0.50	0.29	0.50	0.10	0.78	1.00
平泉县	0.05	0.50	0.18	0.43	0.13	0.78	0.00
滦平县	0.07	0.50	0.23	0.33	0.14	0.78	1.00
隆化县	0.07	0.50	0.16	0.36	0.11	0.78	0.00
丰宁满族	0.02	0.50	0.10	0.27	0.09	0.78	1.00
宽城满族	0.05	0.50	0.24	0.50	0.25	0.78	0.00
围场满蒙	0.03	0.50	0.10	0.27	0.08	0.78	0.00
宣化县	0.12	0.50	0.16	0.40	0.08	0.90	0.00
张北县	0.09	0.75	0.22	0.30	0.08	0.90	0.00

续表

县	距中心城市距离	地形地貌	路网密度	农村人均纯收入	GDP	城市化水平	政策因素
康保县	0.03	0.75	0.26	0.29	0.04	0.90	0.00
沽源县	0.03	0.75	0.16	0.27	0.03	0.90	0.00
尚义县	0.04	0.75	0.07	0.29	0.03	0.90	0.00
蔚 县	0.03	0.50	0.20	0.28	0.10	0.90	0.00
阳原县	0.03	0.50	0.25	0.26	0.07	0.90	0.00
怀安县	0.08	0.50	0.30	0.36	0.07	0.90	0.00
万全县	0.23	0.50	0.28	0.37	0.05	0.90	0.00
怀来县	0.05	0.50	0.21	0.62	0.14	0.90	1.00
涿鹿县	0.06	0.50	0.19	0.42	0.09	0.90	1.00
赤城县	0.03	0.50	0.11	0.27	0.07	0.90	1.00
崇礼县	0.08	0.50	0.17	0.32	0.03	0.90	0.00
青龙满族	0.04	0.50	0.25	0.35	0.12	0.91	0.00
昌黎县	0.11	0.75	0.55	0.63	0.20	0.91	0.00
抚宁县	0.13	0.75	0.42	0.59	0.21	0.91	0.00
卢龙县	0.07	0.75	0.57	0.56	0.11	0.91	0.00
滦 县	0.08	0.50	0.40	0.71	0.38	1.00	0.00
滦南县	0.09	1.00	0.39	0.66	0.42	1.00	0.00
乐亭县	0.06	1.00	0.46	0.80	0.41	1.00	0.00
迁西县	0.06	0.75	0.28	0.75	0.53	1.00	0.00
玉田县	0.07	0.50	0.62	0.70	0.40	1.00	0.00
唐海县	0.08	1.00	0.27	0.81	0.12	1.00	0.00
遵化市	0.06	0.75	0.31	0.75	0.73	1.00	0.00
迁安市	0.06	0.75	0.67	1.00	1.00	1.00	0.00
固安县	0.10	1.00	0.48	0.62	0.10	0.83	1.00
永清县	0.14	1.00	0.42	0.64	0.09	0.83	0.00
香河县	0.08	0.50	0.67	0.84	0.16	0.83	1.00
大城县	0.04	1.00	0.38	0.61	0.12	0.83	0.00
文安县	0.05	1.00	0.45	0.68	0.19	0.83	0.00
大厂回族	0.06	0.50	0.73	0.70	0.07	0.83	1.00
霸州市	0.07	1.00	0.52	0.73	0.40	0.83	0.00

续表

县	距中心城市距离	地形地貌	路网密度	农村人均纯收入	GDP	城市化水平	政策因素
三河市	0.05	0.50	0.60	0.81	0.49	0.83	1.00
满城县	0.18	0.50	0.34	0.54	0.10	0.71	0.00
清苑县	0.28	1.00	0.30	0.57	0.12	0.71	0.00
涞水县	0.05	0.50	0.19	0.36	0.05	0.71	1.00
阜平县	0.03	0.50	0.18	0.24	0.04	0.71	0.00
徐水县	0.18	1.00	0.63	0.61	0.15	0.71	0.00
定兴县	0.08	1.00	0.39	0.56	0.09	0.71	0.00
唐 县	0.08	0.50	0.23	0.29	0.07	0.71	0.00
高阳县	0.13	1.00	0.30	0.64	0.11	0.71	0.00
容城县	0.10	1.00	0.34	0.61	0.07	0.71	0.00
涞源县	0.03	0.50	0.11	0.20	0.06	0.71	0.00
望都县	0.11	1.00	0.52	0.41	0.06	0.71	0.00
安新县	0.10	1.00	0.25	0.56	0.08	0.71	0.00
易 县	0.06	0.50	0.20	0.35	0.10	0.71	0.00
曲阳县	0.05	0.50	0.33	0.24	0.08	0.71	0.00
蠡 县	0.08	1.00	0.33	0.62	0.09	0.71	0.00
顺平县	0.11	0.50	0.40	0.24	0.05	0.71	0.00
博野县	0.08	1.00	0.40	0.48	0.05	0.71	0.00
雄 县	0.06	1.00	0.42	0.55	0.09	0.71	0.00
涿州市	0.05	1.00	0.41	0.67	0.27	0.71	1.00
定州市	0.06	1.00	0.49	0.52	0.27	0.71	0.00
安国市	0.07	1.00	0.36	0.62	0.11	0.71	0.00
高碑店市	0.07	1.00	0.49	0.57	0.13	0.71	0.00
沧 县	1.00	1.00	0.41	0.56	0.27	0.77	0.00
青 县	0.13	1.00	0.30	0.58	0.19	0.77	0.00
东光县	0.07	1.00	0.53	0.48	0.13	0.77	0.00
海兴县	0.06	1.00	0.23	0.31	0.04	0.77	0.00
盐山县	0.09	1.00	0.42	0.41	0.13	0.77	0.00
肃宁县	0.04	1.00	0.35	0.53	0.14	0.77	0.00
南皮县	0.11	1.00	0.36	0.39	0.09	0.77	0.00

县	距中心城市距离	地形地貌	路网密度	农村人均纯收入	GDP	城市化水平	政策因素
吴桥县	0.04	1.00	0.53	0.48	0.08	0.77	0.00
献 县	0.06	1.00	0.43	0.44	0.18	0.77	0.00
孟村回族	0.10	1.00	0.47	0.43	0.08	0.77	0.00
泊头市	0.10	1.00	0.53	0.50	0.19	0.77	0.00
任丘市	0.04	1.00	0.53	0.67	0.59	0.77	0.00
黄骅市	0.09	1.00	0.36	0.67	0.25	0.77	0.00
河间市	0.06	1.00	0.33	0.57	0.28	0.77	0.00
枣强县	0.14	1.00	0.37	0.41	0.08	0.65	0.00
武邑县	0.19	1.00	0.47	0.29	0.07	0.65	0.00
武强县	0.08	1.00	0.50	0.29	0.05	0.65	0.00
饶阳县	0.07	1.00	0.37	0.27	0.06	0.65	0.00
安平县	0.06	1.00	0.45	0.51	0.12	0.65	0.00
故城县	0.07	1.00	0.35	0.41	0.10	0.65	0.00
景 县	0.07	1.00	0.44	0.48	0.14	0.65	0.00
阜城县	0.09	1.00	0.50	0.28	0.07	0.65	0.00
冀州市	0.16	1.00	0.42	0.48	0.11	0.65	0.00
深州市	0.09	1.00	0.41	0.45	0.13	0.65	0.00
邢台县	0.82	0.50	0.32	0.56	0.18	0.72	0.00
临城县	0.08	0.50	0.31	0.35	0.05	0.72	0.00
内丘县	0.13	0.50	0.37	0.45	0.11	0.72	0.00
柏乡县	0.07	1.00	0.30	0.53	0.03	0.72	0.00
隆尧县	0.08	1.00	0.46	0.50	0.14	0.72	0.00
任 县	0.18	1.00	0.33	0.48	0.04	0.72	0.00
南和县	0.19	1.00	0.39	0.46	0.04	0.72	0.00
宁晋县	0.05	1.00	0.61	0.55	0.23	0.72	0.00
巨鹿县	0.06	1.00	0.45	0.33	0.06	0.72	0.00
新河县	0.04	1.00	0.30	0.36	0.03	0.72	0.00
广宗县	0.07	1.00	0.38	0.32	0.04	0.72	0.00
平乡县	0.08	1.00	0.35	0.34	0.04	0.72	0.00
威 县	0.06	1.00	0.49	0.35	0.06	0.72	0.00

续表

县	距中心城市距离	地形地貌	路网密度	农村人均纯收入	GDP	城市化水平	政策因素
清河县	0.03	1.00	0.48	0.61	0.18	0.72	0.00
临西县	0.04	1.00	0.50	0.48	0.06	0.72	0.00
南宫市	0.04	1.00	0.37	0.46	0.10	0.72	0.00
沙河市	0.16	0.50	0.54	0.59	0.22	0.72	0.00
邯郸县	0.57	1.00	0.55	0.65	0.28	0.84	0.00
临漳县	0.10	1.00	0.47	0.55	0.11	0.84	0.00
成安县	0.13	1.00	0.71	0.55	0.11	0.84	0.00
大名县	0.05	1.00	0.41	0.39	0.12	0.84	0.00
涉　县	0.05	0.50	0.47	0.51	0.34	0.84	0.00
磁　县	0.13	0.50	0.68	0.62	0.28	0.84	0.00
肥乡县	0.12	1.00	0.55	0.51	0.08	0.84	0.00
永年县	0.20	1.00	0.67	0.63	0.30	0.84	0.00
邱　县	0.06	1.00	0.46	0.50	0.07	0.84	0.00
鸡泽县	0.07	1.00	0.56	0.47	0.08	0.84	0.00
广平县	0.08	1.00	0.38	0.44	0.07	0.84	0.00
馆陶县	0.05	1.00	0.65	0.44	0.08	0.84	0.00
魏　县	0.07	1.00	0.57	0.41	0.14	0.84	0.00
曲周县	0.08	1.00	0.44	0.55	0.11	0.84	0.00
武安市	0.15	0.50	0.25	0.64	0.73	0.84	0.00

（三）农村居民点综合分类结果

根据标准化后的数据，利用 SPSS 软件对河北省农村居民点现状多指标进行系统聚类，聚类方法选用最常用的层间联结法（between-groups linkage），数据相似性的测距方法选用欧式平方距离（squared euclidean distance）。

各类之间的联系见表 5 - 3，考虑到河北省农村居民点的现状和冰柱图的分布，我们把河北省农村居民点分成五类，分类结果见表 5 - 4。

表 5 - 3 聚类顺序

步 骤	聚类关系		系数	首次聚类		二次聚类
	1 类	2 类		1 类	2 类	
1	97	102	0.000	0	0	37
2	67	73	0.000	0	0	8
3	64	76	0.001	0	0	39
4	5	8	0.001	0	0	19
5	115	116	0.001	0	0	27
6	99	101	0.002	0	0	14
7	123	135	0.002	0	0	22
8	67	79	0.002	2	0	20
9	113	117	0.002	0	0	37
10	88	119	0.004	0	0	47
11	31	32	0.004	0	0	33
12	83	91	0.004	0	0	61
13	110	111	0.004	0	0	76
14	99	104	0.005	6	0	23
15	128	131	0.005	0	0	54
16	80	118	0.005	0	0	71
17	85	90	0.005	0	0	38
18	75	120	0.006	0	0	39
19	5	38	0.006	4	0	33
20	66	67	0.006	0	8	57
21	27	28	0.006	0	0	68
22	123	130	0.006	7	0	30
23	99	109	0.007	14	0	42
24	95	100	0.007	0	0	65
25	20	22	0.007	0	0	72
26	125	132	0.007	0	0	40
27	114	115	0.007	0	5	44
28	70	108	0.007	0	0	57
29	65	71	0.007	0	0	48
30	7	123	0.007	0	22	63

步　骤	聚类关系		系数	首次聚类		二次聚类
	1 类	2 类		1 类	2 类	
31	33	39	0.007	0	0	52
32	62	68	0.008	0	0	49
33	5	31	0.008	19	11	52
34	29	30	0.008	0	0	68
35	9	55	0.009	0	0	66
36	72	74	0.009	0	0	102
37	97	113	0.009	1	9	64
38	85	89	0.010	17	0	50
39	64	75	0.010	3	18	51
40	87	125	0.010	0	26	50
41	54	86	0.011	0	0	63
42	99	103	0.011	23	0	51
43	133	134	0.011	0	0	54
44	98	114	0.011	0	27	65
45	59	107	0.012	0	0	104
46	93	94	0.012	0	0	56
47	69	88	0.012	0	10	61
48	65	106	0.013	29	0	72
49	25	62	0.013	0	32	85
50	85	87	0.013	38	40	79
51	64	99	0.013	39	42	76
52	5	33	0.014	33	31	67
53	23	37	0.014	0	0	84
54	128	133	0.014	15	43	70
55	13	44	0.014	0	0	77
56	82	93	0.015	0	46	75
57	66	70	0.015	20	28	90
58	21	61	0.015	0	0	84
59	4	10	0.016	0	0	98
60	40	42	0.016	0	0	78

步　骤	聚类关系		系数	首次聚类		二次聚类
	1 类	2 类		1 类	2 类	
61	69	83	0.017	47	12	70
62	78	112	0.018	0	0	71
63	7	54	0.018	30	41	74
64	96	97	0.019	0	37	80
65	95	98	0.019	24	44	80
66	9	52	0.020	35	0	74
67	5	26	0.020	52	0	87
68	27	29	0.020	21	34	94
69	14	57	0.021	0	0	88
70	69	128	0.022	61	54	91
71	78	80	0.022	62	16	97
72	20	65	0.022	25	48	85
73	1	24	0.025	0	0	104
74	7	9	0.026	63	66	93
75	12	82	0.026	0	56	93
76	64	110	0.026	51	13	79
77	13	45	0.026	55	0	88
78	40	41	0.028	60	0	118
79	64	85	0.028	76	50	91
80	95	96	0.030	65	64	103
81	63	124	0.030	0	0	96
82	19	36	0.031	0	0	89
83	53	56	0.031	0	0	122
84	21	23	0.034	58	53	114
85	20	25	0.035	72	49	102
86	15	16	0.036	0	0	109
87	5	34	0.037	67	0	98
88	13	14	0.037	77	69	109
89	19	35	0.040	82	0	110
90	60	66	0.040	0	57	99

续表

步　骤	聚类关系		系数	首次聚类		二次聚类
	1 类	2 类		1 类	2 类	
91	64	69	0.042	79	70	97
92	121	127	0.042	0	0	108
93	7	12	0.043	74	75	99
94	18	27	0.043	0	68	117
95	46	49	0.044	0	0	120
96	63	129	0.045	81	0	118
97	64	78	0.047	91	71	105
98	4	5	0.048	59	87	106
99	7	60	0.048	93	90	105
100	43	47	0.050	0	0	115
101	3	51	0.053	0	0	111
102	20	72	0.054	85	36	106
103	84	95	0.054	0	80	112
104	1	59	0.058	73	45	113
105	7	64	0.060	99	97	112
106	4	20	0.061	98	102	113
107	17	58	0.061	0	0	122
108	121	126	0.061	92	0	115
109	13	15	0.062	88	86	116
110	11	19	0.065	0	89	114
111	3	77	0.073	101	0	126
112	7	84	0.084	105	103	121
113	1	4	0.093	104	106	117
114	11	21	0.103	110	84	130
115	43	121	0.105	100	108	127
116	13	92	0.107	109	0	123
117	1	18	0.113	113	94	129
118	40	63	0.126	78	96	121
119	2	6	0.130	0	0	126
120	46	136	0.132	95	0	127

步骤	聚类关系		系数	首次聚类		二次聚类
	1类	2类		1类	2类	
121	7	40	0.142	112	118	124
122	17	53	0.153	107	83	130
123	13	48	0.153	116	0	124
124	7	13	0.218	121	123	129
125	81	122	0.219	0	0	128
126	2	3	0.252	119	111	132
127	43	46	0.291	115	120	131
128	81	105	0.349	125	0	133
129	1	7	0.367	117	124	131
130	11	17	0.392	114	122	132
131	1	43	0.436	129	127	133
132	2	11	0.542	126	130	135
133	1	81	0.745	131	128	134
134	1	50	1.242	133	0	135
135	1	2	1.361	134	132	0

表 5-4   河北省农村居民点综合分类结果

1	正定县、栾城县、高邑县、鹿泉市、固安县、香河县、大厂回族、三河市、涿州市、藁城市
2	昌黎县、滦县、滦南县、乐亭县、迁西县、玉田县、唐海县、遵化市、迁安市、霸州市、任丘市、涉县、磁县、永年县、武安市
3	元氏县、兴隆县、滦平县、丰宁满族自治县、怀来县、涿鹿县、赤城县、涞水县
4	沧县、邢台县、邯郸县
5	井陉县、行唐县、灵寿县、深泽县、赞皇县、无极县、平山县、赵县、辛集市、晋州市、新乐市、承德县、平泉县、隆化县、宽城满族、围场满蒙、宣化县、张北县、康保县、沽源县、尚义县、蔚县、阳原县、怀安县、万全县、崇礼县、青龙满族、抚宁县、卢龙县、永清县、大城县、文安县、满城县、清苑县、阜平县、徐水县、定兴县、唐县、高阳县、容城县、涞源县、望都县、安新县、易县、曲阳县、蠡县、顺平县、博野县、雄县、定州市、安国市、高碑店市、青县、东光县、海兴县、盐山县、肃宁县、南皮县、吴桥县、献县、孟村回族、泊头市、黄骅市、河间市、枣强县、武邑县、武强县、饶阳县、安平县、故城县、景县、阜城县、冀州市、深州市、临城县、内丘县、柏乡县、隆尧县、任县、南和县、宁晋县、巨鹿县、新河县、广宗县、平乡县、威县、清河县、临西县、南宫市、沙河市、临漳县、成安县、大名县、肥乡县、邱县、鸡泽县、广平县、馆陶县、魏县、曲周县

四、结果分析

（一）I类区：环首都、环省会（政策因素）

该区主要为环首都、环省会的平原地区，受国家和河北省政策倾斜因素的影响，经济发展水平较高，农村居民点分布较集中，集约利用程度较高。

（二）II类区：经济发展水平较高

该区主要分布在秦皇岛、唐山、邯郸、廊坊等经济发展水平较高的地区，农民收入较高，农村居民点现状虽然集约程度不高，但便于整理和整治，预期集约程度较高。

（三）III类区：山区县、环首都、环省会，经济发展水平不如I类区高

该类区虽然也分布在环首都环省会区域，但主要为山区，经济发展水平不如I类区好，农村居民点分布也不集中，由于受政策因素的影响，预期较好。

（四）IV类区：中心城市在县城所在地

该类区包括沧县、邢台县、邯郸县，其特点是中心城市在县城所在地，中心城市对县域的辐射较强，随着中心城市的发展，农村居民点集约利用程度将较快提高。

（五）V类区：其余的，各方面因素比较一般的县

除上述4类区域以外的其他区域，该类区范围较大，包括的县域较多，区位条件和经济发展水平一般，不受特殊政策的影响，农村居民点布局分散，集约利用的过程会很缓慢。

第三节　河北省农村居民点集约用地意愿分析

一、农户与农村居民点定义

农户是农村中最基本的构成单元。本书中的农户是指所有居住在农村地区的住户，包括在农村定居或者在农村长期居住的农户，不论从事什么行业是何等身份，只要在农村定居或者长期居住于农村的住户在本研究中均定义为农户。

以村庄为主要形式的农村居民点，是农村居民居住和从事各种生产的聚居点。满足村民对于居住和生产的需求，是对村庄的第一位要求。农村居民点用地的范围远远大于农村宅基地，农村居民点用地包括：农村宅基地与村办企业用地、道路交通等基础设施用地、公共服务设施用地及其他用地。具体包括农村居住区的主房用地、附房用地及院坝、宅旁绿化用地等，也包括村办企业、村内基础设施和公共设施用地。其中，主房用地是指农民居住用的房屋用地；附房用地是指与农民居住生活相关的附属生产生活设施用地，如厨房、厕所、猪圈和鸡圈等附属设施；院坝是指农户房屋前后的空地平坝，可供农户晒谷、休闲和堆放物品等；宅旁绿化用地是指农户房屋四周具有一定规模的成片的树林和竹林等用地。村办企业用地是指村集体兴办的各类工业企业用地。村内基础设施用地是指道路、给排水设施等用地。公共服务设施用地是指村内行政办公、科教文卫等机构和设施用地，如乡政府办公楼、学校等。本书中的农村居民点仅指农户用于生产和生活的主房用地、附房用地及院坝、宅旁绿化用地。

二、农村居民点用地集约利用的主体

农村居民点用地事关社会的公共利益，国家的职能促使其有义务维护农村居民点用地的有效利用，是农村居民点用地集约利用的主体，在农村居民点用地的管理中具有重要作用；农户是农村居民点用地的使用者，同样是农村居民点集约利用的主体。因此，农村居民点集约利用的主体包括：宏观主体——国家；微观主体——农户。

国家对农村居民点集约利用的目的主要是提高农民生活质量，缓解用地矛盾，实现耕地占补平衡，促进农村经济发展，解决"三农"问题。农户的目的是改善居住条件，获得经济利益。然而，农户是农村居民点的直接使用主体，农户的很多行为导致了农村居民点用地的低效利用甚至闲置，因此，从微观主体——农户角度出发研究农村居民点集约用地标准，更具有现实意义。

三、河北省农村居民点集约用地意愿分析

现阶段，农村居民的主体是农民，农村居民点的土地属于集体所有，农村集体土地既是农民最基本的生产资料，也是农民最基本的生活资料，还是农民最基本的保障手段。农民作为农村集体土地的所有者和祖祖辈辈的居住者，其权益和意愿理应受到保护和尊重。

要充分尊重农民的意愿，就要对做出空间调整的农民有合理的生产和生活安排。这些安排包括：至少不低于原先状况的居住、收入、就业、保障、子女就学及其他生活服务条件。这些条件的改善，有的由农民个人和集体来承担部分或全部成本，有的由政府来支付成本。政府、农民个人和集体能否按照各自应承担的部分来支付这些成本，是农民权益能否不受到损害的关键。因此，农村居民点集约利用是建立在一定经济发展水平基础之上的，不应脱离这个基础去谈"合理"还是"不合理"，去对"不合理"进行调整，去追求理想化的"合理性"。违背农民的利益和愿望对村庄进行的调整往往表现为两种情况：一是超越农民承受能力和觉悟水平的盲动式调整，即在大多数农民不愿意调整的时候非要进行调整；二是在大多数农民希望推进自己家园建设的时候，阻拦他们的行动，表现为调整的滞后状态。这两种情况都是应当防止的倾向。

与城镇建设不一样，农村居民点建设缺少政府通过对基础设施建设的财政投入来引导居民点布局从而实现规划目标的手段。农户是农村居民点建设中的绝对主体，农户建房的选址、布局，成为推动农村居民点用地集约利用的最重要因素。因此，农户是否愿意服从政府的统一规划来建房，也就成了实现农村居民点用地集约利用的关键手段。因此，本书以问卷中"是否愿意服从政府的统一规划来建房"这一问题来反映农户集约利用农村居民点用地的意愿，这也是一个容易被农户理解且作出明确选择的问题，较好地解决了

直接衡量农户集约利用农村居民点用地意愿的指标难以确定的困难。农户是否愿意服从政府统一规划来建房，同样会受到各种各样因素的影响，这些因素可以分为农民自身特征因素、农户家庭特征因素、农户现有居住特征因素和区域社会经济特征因素四大类。

农民自身特征主要表现为年龄、性别、受教育程度和是否村干部；农户家庭特征主要表现为家庭收入水平、家庭农业收入水平和经营类别；农户现有居住特征因素主要通过农户已有人均居民点用地指标来表现；而区域社会经济因素已在农村居民点分类一章中作为分类的影响因素进行了统一阐述，距离中心城市或县城越近，意味着农村居民点受到中心城市或县城的各种影响就越大，农民对城市通过规划带来的基础设施配套、生活环境改善等种种便利感触越深，因而也就越希望实现农村居民点的统一规划。同时，离县城距离越近，意味着受到城市的土地利用政策辐射越强，建房受土地资源禀赋的制约也越强，从而增强了农户集约利用居民点用地的意识。因此本章农村居民点集约利用意愿影响因素调查表中不再单独列出此项因素。

(一) 抽样调查过程

1. 查阅资料，选择调查点，完成调查问卷的设计

选择研究样区时，要照顾到上述五类农村居民点中的每一类，并兼顾农村居民点的几大影响因素，尽量选择年龄在 20～50 岁之间的中青年农户，减少被访者以妇孺老幼居多的情况，调查点应当属于经济元素活跃、最近几年农户建房较多的区域。对研究区域随机选择 18 个县（市），每个县（市）5 个村，每个村 6 户，共对 90 个村庄的 540 户农户进行了调研，见表 5-5（调查问卷见本书附录）。

表 5-5　　　　　　　　　　　抽样调查选择县区表

分类区	选择被调查的县市	个数
I 类区	正定县、鹿泉市、香河县、涿州市	4
II 类区	昌黎县、迁安市、武安市	3
III 类区	怀来县、赤城县	2
IV 类区	邢台县	1
V 类区	井陉县、赵县、定州市、安国市、肃宁县、吴桥县、饶阳县、景县	8

2. 收集相关社会经济资料，进行农户问卷外业调查

收集资料包括全省人口、经济社会基本情况资料、土地利用情况、当地新农村建设相关规划资料等。调查时向当地乡镇国土所工作人员了解本乡镇的发展情况、农民建房情况、当地宅基地用地现状、当地国土机构对宅基地的审批、违法、管理等基本情况。最后在当地村委干部的带领下对农户进行调查。本次调查由石家庄经济学院公共管理学院土地资源管理系 2008 级本科生和河北经贸大学公共管理学院农村区域发展专业 2008 级本科生利用暑期社会实践完成。

3. 整理调查数据，形成基本数据调查数据库

本次调查共发放调查问卷 535 份，收回问卷 523 份，剔除回答不全和明显胡乱答题问卷，有效问卷 520 份，有效回收率为 97.2%。并将调查数据编码处理，备用于分析。

（二）分析数据

分析模型选用 Logistic 模型，基于农户意愿对农村居民点集约利用程度的影响因素进行研究。

Logistic 模型的估计方程为具有特征 X_i 的农户对于农村居民点集约利用程度选择的概率，即

$$\text{Prob}(\text{event}) = \frac{e^z}{1 + e^z} = \frac{1}{1 + e^{-z}} \qquad (5-1)$$

式中 $Z = \beta_0 + \beta_1 x_1 + \beta_2 x_2 + \beta_i x_i$

（i 为农户特征量的数量），不选择该类农村居民点集约利用的概率为 Prob（noevent）$= 1 - $ Prob（event）

为了理解 Logistic 回归系数的含义，可以将方程式重新写为某一事件发生的比率，一个事件的比率被定义为它发生的可能性与不发生的可能性之比。现把 Logistic 方程写作概率的对数，命名为 Logit。

$$\log\left(\frac{\text{Prob}(event)}{\text{Prob}(noevent)}\right) = \beta_0 + \beta_1 x_1 + \beta_2 x_2 + \cdots + \beta_i x_i \qquad (5-2)$$

通过极大似然估计法，可以得到估计系数。

从式（5-2）可以看出，方程的回归系数可以理解为一个单位自变量的变化所引起的概率对数的改变值。如果一个自变量的系数为正值，意味着概

率将会增加，此值将会大于 1；如果一个自变量的系数为负值，意味着概率将会减少，此值将会小于 1；当 β_i 为 0 时，此值等于 1。

计量模型解释变量说明见表 5 - 6。

表 5 - 6　　　　　　　　　　计量模型解释变量说明

	观测变量	变量定义	预期方向
属性特征	性别	男 = 1，女 = 2	+
	年龄	20 岁以下 = 1，20 - 50 岁 = 2，50 以上 = 3	+
	受教育程度	小学及以下 = 1，初中或高中 = 2，大专及以上 = 3	+
	家庭人口数	2 个及以下 = 1，3 ~ 4 个 = 2，4 个以上 = 3	+
	家庭收入水平	1 万元以下 = 1，1 万 ~ 2.5 万元 = 2，2.5 万 ~ 5 万元 = 3，5 万元以上 = 4	+
	家庭农业收入	1 万元以下 = 1，1 万 ~ 2.5 万元 = 2，2.5 万 ~ 5 万元 = 3，5 万元以上 = 4	+
	经营类别	农业为主 = 1，兼业 = 2	+
	是否村干部	否 = 1，是 = 2	+
现状	已有人均居民点面积	小于 150 = 1，150 ~ 200 = 2，200 ~ 300 = 3，大于 300 = 4	-
农户意愿	预期居民点面积	75 ~ 80 m^2 以下 = 1，80 ~ 85 m^2 = 2，85 ~ 100 m^2 = 3，100 ~ 110 m^2 = 4，110 m^2 以上 = 5	

（三）模型检验及结果分析

本研究使用 SPSS16.0 软件对模型进行估计。以农户预期居民点用地为因变量，采用全部变量全部进入法统计，结果见表 5 - 7。表 5 - 7 分别给出了回归系数（B）、回归系数标准误差（S.E.）、Wald 检验统计量的观测值、自由度（df）、Wald 检验统计量的概率 ρ 值（sig.）、发生比［Exp（B）］。其中，sig. 表示不同变量 Wald 检验的显著性水平；Exp（B）等于发生比率（odds ratio），可以测量解释变量变化一单位给原来的发生概率所带来的变化。

表 5 - 7　　　　　　　　　　　　　模型回归结果

变　量	B	S. E.	Wald	df	Sig	Exp（B）
性别	0.006	0.377	0	1	0.987	1.006
年龄	0.188**	0.063	8.820	1	0.003	1.20
受教育程度	1.166**	0.372	9.841	1	0.002	3.208
家庭人口数	0.082	0.218	0.140	1	0.709	1.085
家庭收入水平	- 0.389***	0.096	16.305	1	0	0.678
家庭农业收入	- 0.487*	0.212	5.300	1	0.021	0.614
经营类别	- 0.203*	0.093	4.766	1	0.029	0.816
是否村干部	0.472**	0.166	8.139	1	0.004	1.60
已有人均居民点用地	- 0.730*	0.419	3.043	1	0.081	0.482
常数项	- 0.172	0.550	0.098	1	0.754	0.842

注：变量进入采用的是 Enter 进入法，卡方检验结果为 118.3224，自由度为 9，显著性概率为 0；最终模型的拟合优度检验：- 2LL 值为 1243.346，Cox & Snell R^2 为 0.100，Nagelkerke R^2 为 0.136，预测正确值 66.4%。*、**、*** 分别表示在 0.1、0.05、0.01 统计水平上显著。

从表 5 - 7 可看出年龄、受教育程度和是否村干部对农户意愿的农村居民点集约利用具有显著正向影响。家庭收入水平、家庭农业收入、经营类别和已有人均居民点用地对农户意愿的农村居民点集约利用具有显著负向影响。被调查者的性别和家庭人口数对其农村居民点集约利用的影响不显著。对各变量的分析如下：

1. 年龄对农村居民点集约利用意愿有正向影响

本指标通过了 95% 统计水平的检验。宅基地使用现状和不同年龄段需求的差异有关。伴随着年龄的增长，农户对土地的感情越来越深，依赖性也越来越强，节俭的传统越来越被传扬，嗤之以鼻于浪费、闲置、过度使用土地的行为，自身也不再迫于追求生活和居住条件的巨大改善，而是沉浸于天伦之乐和颐养天年之中，加上生理机能逐渐退化，只求住得舒适方便，想用的东西就在手边。在现行宅基地政策和子女养老的传统背景下，年龄大的农民满足于有舒适方便的地方住，而不是过大的面积。

2. 受教育程度对农村居民点集约利用意愿有显著正向影响

本指标通过了 95% 统计水平的检验。受教育程度越高的农民对于中国的国情和基本国策理解的越深刻，时时体会着越来越少的耕地资源对于子孙后代的威胁，因此他们更倾向于土地的集约节约利用，并在自身的行为中践行着。

3. 是否村干部对农村居民点集约利用意愿有显著正向影响

本指标通过了 95% 统计水平的检验。村干部管理着全村的事务，对于国家土地政策的顺利实施有着巨大的推动作用，他们对于农村居民点集约利用的认识要高于普通农民，而普通农民更关注其自身家庭居住条件和生活条件的优化利用，对于全村村居民点集约利用不大关心。

4. 家庭收入水平对农村居民点集约利用意愿有极显著负向影响

本指标通过了 99% 统计水平的检验。调查研究表明，家庭收入水平越高，经济状况越好的农户对农村居民点集约利用的程度相比收入水平低的农户要低。家庭收入水平越高，越想通过扩大宅基地面积来改善居住条件，集约利用宅基地的意愿越低。

5. 家庭农业收入对农村居民点集约利用意愿有显著负向影响

本指标通过了 90% 统计水平的检验。河北省是农业人口占很大比重的农业大省，农业生产是河北省主要收入来源之一。家庭农业收入水平占家庭总收入的比重越大，说明农业收入对家庭的重要性越大，这类家庭经济条件相对于有其他收入的家庭来说，经济条件较差，同时从事农业生产所需宅基地面积也要大，他们对通过规划来统一建房、追求现代生活居住环境的愿望相对来说也会比较低，集约利用宅基地的意愿也就较低。

6. 经营类别对农村居民点集约利用意愿有显著负向影响

本指标通过了 90% 统计水平的检验。单纯从事农业生产的农户比兼业的农户集约利用的意愿较低。这是因为，兼业的农户要么是外出打工，要么是在农村进行非农业生产，一般来说，无论是外出打工还是进行非农业生产，收入水平都比单纯从事农业生产的农户高，经济条件较好，而且，兼业的农户有更多接触外面世界的机会，更加了解通过规划或服从政府统一建房带来的基础设施配套、生活环境改善等种种便利，因而也就越希望实现农村居民点的统一规划和集约利用。

7. 已有居民点状况对农村居民点集约利用意愿有显著负向影响

本指标通过了 90% 统计水平的检验。已有居民点状况越好的农户对于集约利用的意愿越不明显，之所以农户人均宅基地面积越多，其集约用地的意愿越低，可能是因为：拥有宅基地面积多的农户，往往是超标准占用农村居民点用地的农户，他们享受着占据更多宅基地带来的种种好处，基于自身利益的考虑，他们并不愿意政府进行统一规划，因为这样会使其建房空间或用地面积减少。

第四节　河北省农村居民点集约用地标准测算

一、农村居民点集约用地标准

农村居民点用地节约集约利用，可以有效推进农村现代化建设，也可以为城市建设和发展提供一个可利用的空间载体。从理论角度，农村居民点用地标准的测算主要通过统计农村居民点的建筑容积率、建筑占地率、建筑系数等基础数据进行人均居民点面积的测算，这些测算方法仅仅从建筑工程学理论，将农村居民点用地等同于城市住宅用地，进行同步骤的用地标准测算，并未考虑农村与城市经济发展、收入水平和建设环境的差异，更未对农村居民点与城市住宅用地在满足不同人群生产生活方面的差别进行分析，这也是当前新民居建设过程中存在的普遍问题。从运用角度，农村居民点用地标准的制定一般为各省、自治区、直辖市根据《中华人民共和国土地管理法》、《中华人民共和国土地管理法实施条例》和其他相关法律及政策规定，结合已有标准和当地的各项经济社会指标综合分析得出。各省（区、市）自行制定的农村居民点用地标准在额度、单位（平方米、亩等）及依据（人均耕地、城郊及乡村土地类型）等方面均存在较大差异，不利于集约用地政策的有效实施。土地利用的目的在于满足人类自身的需要，因此，在利用土地过程中应充分体现以人为本的思想，农村居民点集约利用应在充分尊重农户意愿的前提下进行。基于此，本项目在充分调查农户意愿和诉求的基础上，对农村居民点集约用地标准进行测算。

二、河北省农村居民点集约用地标准测算

运用反映农户意愿的调查数据，在进行二维罗迪斯蒂分析的基础上挑选出农村居民点集约用地的主导影响因素，并以此为基础对河北省不同类型农

村居民点集约利用的标准进行测算。

（一）分析数据来源

通过前述对河北省各类型区农户意愿的调查，挑选出对农村居民点集约利用有显著正向和负向影响的主要因素，包括被调查者年龄、被调查者受教育程度、农户家庭收入水平、农户家庭农业收入、农户经营类别、是否为村干部、农户已有人均居民点用地等，把这些因素的调查数据进行量化处理，得出用于测算农村居民点集约用地标准的基础数据。

（二）农村居民点集约用地标准测算的模型选择

回归分析是一种试图以一个或多个自变量来解释另一个因变量，然后利用所获得的样本数据去估计模型中参数的统计分析方法。本研究影响农村居民点集约利用的显著因素有七个，这七个因素共同影响着农村居民点集约利用，选用多元线性回归模型测算各个因素居于平均状态时农村居民点集约利用的标准，简便、快捷。

本分析选择多元线性回归模型，形式如下：

$$Y = a + bx_1 + cx_2 + dx_3 + ex_4 + fx_5 + gx_6 + hx_7$$

式中：Y 为农户意愿的农村居民点集约利用标准；

x_1 为被调查者年龄；

x_2 为被调查者受教育程度；

x_3 为农户家庭收入水平；

x_4 为农户家庭农业收入；

x_5 为农户经营类别；

x_6 表示被调查者是否为村干部；

x_7 为农户已有人均居民点用地；

a、b、c、d、e、f、g、h 均为回归系数。

（三）模型分析和检验

将调查数据代入公式，通过多元线性回归，估算模型各参数，确定模型函数方程。

1. Ⅰ类区回归结果

从表5-8Ⅰ类区回归结果中可以看出：整体方程的 F 为 2.3317，通过了显著性检验，方程在统计学上有效。各变量显著性水平接近 5%，基本通过了检验。

表 5 - 8   Ⅰ类区回归结果

解释变量	回归系数	T 值	显著性水平
截距项	0.803426	11.31925	0.026032
X_1	-0.04288	-2.03983	0.081094
X_2	0.229641	13.74616	0.017226
X_3	0.062265	8.089472	0.037584
X_4	0.144721	2.075923	0.040416
X_5	0.296981	2.850288	0.006716
X_6	-0.23217	-15.3121	0.012881
X_7	0.059816	8.003053	0.042381
R^2	0.73949		
F 值	2.331774		

于是得出此类区集约用地标准的模型方程为

$$y = 0.803 - 0.043X_1 + 0.230X_2 + 0.062X_3 + 0.145X_4 + 0.297 X_5$$
$$- 0.232X_6 + 0.060X_7$$

2. Ⅱ类区回归结果

从表5-9Ⅱ类区回归结果可以看出：整体方程的 F 为 17.2443，通过了显著性检验，方程在统计学上有效。各变量显著性水平接近 5%，基本通过了检验。

表 5 - 9   Ⅱ类区回归结果

解释变量	回归系数	T 值	显著性水平
截距项	0.613775	10.59588	0.029264
X_1	0.558166	2.814665	0.006196
X_2	0.029875	2.89305	0.077312
X_3	-0.01185	-2.7727	0.072315

解释变量	回归系数	T 值	显著性水平
X_4	-0.0436	-9.8817	0.0326164
X_5	-0.07914	-7.6535	0.04464
X_6	-0.1027	-9.7672	0.131769
X_7	-0.03042	-5.5128	0.15304
R^2		0.735521	
F 值		17.24434	

于是得出此类区集约用地标准的模型方程为

$$y = 0.614 + 0.558X_1 + 0.030X_2 + 0.012\ X_3 + 0.044\ X_4 - 0.079\ X_5$$
$$- 0.103X_6 - 0.030X_7$$

3. Ⅲ类区回归结果

从表 5-10 Ⅲ类区回归结果可以看出：整体方程的 F 为 9.8006，通过了显著性检验，方程在统计学上有效。各变量显著性水平接近 5%，基本通过了检验。

表 5-10　　　　　　　　　　　Ⅲ类区回归结果

解释变量	回归系数	T 值	显著性水平
截距项	2.787788	2.472459	0.015624
X_1	0.050991	11.4652	0.009090
X_2	0.004768	16.259	0.00987
X_3	0.07134	6.3037	0.005303
X_4	-0.24176	-2.14329	0.035247
X_5	-0.00099	-4.1089	0.009967
X_6	0.021963	8.4354	0.000932
X_7	0.229483	7.06451	0.009195
R^2		0.801807	
F 值		9.80059	

于是得出此类区集约用地标准的模型方程为

$$y = 2.788 + 0.051X_1 + 0.005X_2 + 0.071X_3 - 0.242X_4 - 0.001X_5$$
$$+ 0.022X_6 + 0.229X_7$$

4. IV类区回归结果

从表 5 – 11 IV类区回归结果可以看出：整体方程的 F 为 12. 6848，通过了显著性检验，方程在统计学上有效。各变量显著性水平接近 5%，基本通过了检验。

表 5 – 11　　　　　　　　　IV类区回归结果

解释变量	回归系数	T 值	显著性水平
截距项	3. 471542	10. 21177	0. 031827
X_1	0. 796244	6. 717577	0. 005087
X_2	0. 008998	10. 66018	0. 009916
X_3	− 0. 38557	− 14. 2318	0. 016871
X_4	− 0. 42299	− 18. 6851	0. 027507
X_5	− 0. 40306	− 8. 70599	0. 039337
X_6	− 0. 47396	− 9. 44076	0. 035538
X_7	0. 485798	2. 212694	0. 037601
R^2	0. 698157		
F 值	12. 6848		

于是得出此类区集约用地标准的模型方程为

$$y = 3.472 + 0.796X_1 + 0.009X_2 - 0.386X_3 - 0.423X_4 - 0.403X_5$$
$$- 0.474X_6 + 0.486X_7$$

5. V类区回归结果

从表 5 – 12 V类区回归结果可以看出：整体方程的 F 为 12. 5553，通过了显著性检验，方程在统计学上有效。各变量显著性水平接近 5%，基本通过了检验。

表 5 – 12　　　　　　　　　V类区回归结果

解释变量	回归系数	T 值	显著性水平
截距项	3. 857553	4. 384638	1. 83E – 05
X_1	− 0. 38909	− 2. 47333	0. 0142145
X_2	− 0. 12429	− 3. 7293	0. 0466626
X_3	− 0. 14487	− 3. 53318	0. 0126723

解释变量	回归系数	T 值	显著性水平
X_4	0.203152	2.496611	0.0133
X_5	-0.1243	-5.1169	0.00609402
X_6	-0.10662	-5.52077	0.00603072
X_7	0.090974	4.822751	0.0411574
R^2		0.77809	
F 值		2.555325	

于是得出此类区集约用地标准的模型方程为

$$y = 3.472 + 0.796X_1 + 0.009X_2 - 0.386X_3 - 0.423X_4 - 0.403X_5$$
$$- 0.474X_6 + 0.486X_7$$

(四) 各类型区农村居民点集约利用标准模拟结果

把各影响因素处于平均水平时集约用地量作为该类型区农村居民点集约用地的标准。

1. Ⅰ类区农村居民点集约用地标准

Ⅰ类区农村居民点集约用地各影响因素的均值见表5-13，把数值带入分析模型：

$$y = 0.803 - 0.043X_1 + 0.230X_2 + 0.062X_3 + 0.145X_4 + 0.297 \ X_5 - 0.232X_6 +$$
$0.060X_7$，得出Ⅰ类区集约用地的测算标准为人均70.136平方米。

表 5-13　　　　　　　　　　Ⅰ类区各影响因素的平均水平

变量	均值
X_1	2.218
X_2	2.073
X_3	3.173
X_4	2.436
X_5	1.482
X_6	1.536
X_7	1.982

2. Ⅱ类区农村居民点集约用地标准

Ⅱ类区各影响因素的均值见表 5 - 14，把数值带入分析模型：

$y = 0.614 + 0.558X_1 + 0.030X_2 + 0.012X_3 + 0.044X_4 - 0.079X_5 - 0.103X_6 - 0.030X_7$，得出Ⅱ类区集约用地的测算标准为人均 81.906 平方米。

表 5 - 14　　　　　　　　Ⅱ类区各影响因素的平均水平

变量	均值
X_1	2.024
X_2	2.024
X_3	2.965
X_4	2.800
X_5	1.412
X_6	1.459
X_7	2.212

3. Ⅲ类区农村居民点集约用地标准

Ⅲ类区各影响因素的均值见表 5 - 15，把数值带入分析模型：

$y = 2.788 + 0.051X_1 + 0.005X_2 + 0.071X_3 - 0.242X_4 - 0.001X_5 + 0.022X_6 + 0.229X_7$，得出Ⅲ类区集约用地的测算标准为人均 95.016 平方米。

表 5 - 15　　　　　　　　Ⅲ类区各影响因素的平均水平

变量	均值
X_1	1.927
X_2	2.145
X_3	2.473
X_4	2.636
X_5	1.473
X_6	1.491
X_7	2.018

4. IV类区农村居民点集约用地标准

IV类区各影响因素的均值见表 5 – 16，把数值带入分析模型：

$y = 3.472 + 0.796X_1 + 0.009X_2 - 0.386X_3 - 0.423X_4 - 0.403X_5 - 0.474X_6 + 0.486X_7$，得出 IV 类区集约用地的测算标准为人均 99.533 平方米。

表 5 – 16　　　　　　　　　IV类区各影响因素的平均水平

变量	均值
X_1	1.967
X_2	2.067
X_3	1.933
X_4	3.100
X_5	1.567
X_6	1.333
X_7	2.533

5. V类区农村居民点集约用地标准

V类区各影响因素的均值见表 5 – 17，把数值带入分析模型：

$y = 3.858 - 0.389X_1 - 0.124X_2 - 0.145X_3 + 0.203X_4 - 0.124X_5 - 0.107X_6 + 0.091X_7$，得出 V 类区集约用地的测算标准为 106.907 平方米。

表 5 – 17　　　　　　　　　V类区各影响因素的平均水平

变量	均值
X_1	1.509
X_2	1.405
X_3	1.591
X_4	3.977
X_5	1.082
X_6	1.031
X_7	2.879

第五节 河北省农村居民点集约用地模式研究

一、国外农村居民点发展模式与分析

(一) 英国的重点建设模式

英国的重点建设模式是针对第二次世界大战后农村人口减少、农村基础设施不足等问题提出的以建设中心村 (key settlement) 为重点的村庄振兴模式。政府投资向中心村倾斜,促进住房、就业、服务和基础设施向中心村集中,推动农村人口向中心村集聚。同时,政府鼓励建设人口规模在 2000 ~ 20000 人不等的集镇 (market-town),以工业为发展重点为居民提供就业机会。

该模式最大的特点是政府推动和有所侧重。政府不直接参与村庄的建设开发,而是通过制定一系列的政策促进人口、服务、设施等向政府指定的重点发展地区集中。此外,英国对村庄进行划线管制的做法也很值得借鉴,即对村庄建设用地以划线形式控制,线外为保护区域,不准任何建设,这种方式有效控制了农村居民点的无序发展,也使耕地得到很好的保护。

(二) 德国的村庄更新模式

德国的村庄更新是针对工业化后城乡发展差距提出的旨在改善农民生活和工作条件,缩小城乡差距的一项计划。其主要内容有:对老的建筑物进行保护、修缮、改造和加固;改善和增设村内公共设施,如公园、体育娱乐设施;改善村内交通状况,修建人行道、步行区;对山区和低洼易涝区增设防洪设施;对闲置的旧房屋进行修缮改造,使其被重新利用。整个更新计划分期分步实施,一般持续 13 ~ 14 年。

该模式主要特点:一是重视老旧建筑的重新利用;二是体现了对人的关怀;三是政府财政支持;四是更新计划比较完善。该模式最值得借鉴之处在于村庄建设中本着节约、经济的原则,重视一切具有利用价值的建筑,同时从农民的切身利益出发,致力于改善农民生产生活条件。

（三）以色列的等级服务中心模式

以色列的等级服务中心模式是针对 20 世纪 50 年代农业移民较多、又无法进行大规模农业生产提出的村庄布局模式。其主要思想是以农村服务中心为核心，约 80 户组成一个村庄，6~10 个村庄围绕中心建设。农村服务中心根据服务村庄的数量分等级设置，配套设施相应有不同的规格。服务中心与村庄及可耕地的分离便利了服务中心的等级演化，满足了服务功能提升与腹地范围扩大之间的联动需求，并能适应因农业生产方式变化而产生的村庄规模调整；同时服务中心提供非农就业岗位，为农业专业化生产分离出的富余劳动力就业创造了机会。

（四）印度的综合援助开发模式

印度的综合援助开发是针对 20 世纪 80 年代农村严重贫困、农村人口外流严重提出的农村综合开发运动。具体措施有：一是发展农业技术，提高农业生产水平；二是发展劳动密集的手工业和乡村工业；三是大力建设以工业为主体的小城镇；四是合理调整村庄的规模，着力解决农民住房问题。同时，政府向农民提供贷款，支持农民改造住房，建设公共设施。

该模式的最大特点是从产业化途径提高农业生产力，促进农村经济发展，实现农民收入增加与生活水平改善；同时，政府提供财政援助支持农村发展，这与我国当前"以工促农、以城带乡"发展有异曲同工之处。

二、国内农村居民点发展模式与分析

（一）台湾的农村社区更新模式

台湾的农村社区更新模式是 20 世纪 90 年代针对城乡差距以及村庄杂乱、缺乏基础设施等问题实施的农宅整建运动。其主要内容有：维护改善具有历史及保存价值的居住环境；改善交通系统；整建老旧社区；改善农村环境品质；保存及使用古迹；保持生态环境等。对于更新内容及如何更新、何时更新农民具有决定权，还可以自己制定社区更新计划或者在专业人员的指导下制订更新计划。

该模式最大的特点是民众的参与性。农民是社区更新的主体，参与更新计划的整个过程，并可根据方案实施效果调整更新方案甚至叫停方案。

（二）上海的三集中模式

"三集中"模式是上海市土地局和农委等部门于 1985 年针对郊区农村的经济社会发展状况提出的一种城镇化模式，具体指："耕地向种田能手集中，工业向园区集中，居住向城镇集中"。该模式下村庄撤并有新村建设型、更新改造型和逐步推进型等几种类型。

该模式具有较好的前瞻性，对于土地的集中符合未来农业发展趋势，对于工业的集中布局和农民集中居住也符合集约发展的理念。但其具体操作方式需要结合各地实际进行，集中的程度与方式也需要进行分阶段考虑。

（三）苏州近郊的综合开发模式

苏州近郊的综合开发是政府针对城市建设征地范围内的村庄实施的开发建设计划。建设方式有新建和改造两种类型：新建型一般直接以住宅小区形式开发；改造型则针对现状环境较好、房屋较新、有一定配套设施的，或因其他原因暂时不宜新建的，采取修筑路面，铺设排水、排污管道，修建公厕等改善措施，使之总体环境状况有所改善。这种开发模式宜结合城市建设或大型基础设施建设等进行，同时应处理好失地农民的就业与生存问题。

（四）石家庄综合整理模式

石家庄的农村居民点综合整理模式主要有以下四种类型：一是中心村控制型，即对人口相对集中的村庄进行统一规划，划定基本农田保护区、村庄建设区和旧宅复垦还耕区以控制村庄外延。二是自然村合并型，即在一些较为落后的农村地区，将分散的小自然村合并为相对集中的大村，将迁移后的小村旧址复耕还田。三是整村搬迁型。即对一些位置偏僻、经济落后的山区村庄整体搬迁到生产和生活条件相对较好的地方，并对原村旧址进行复耕。四是平改楼型，即鼓励农民拆除平房，建设两层或多层住宅，提高土地使用率。该模式是一种典型的欠发达地区政府主导下的整理模式，其有效实施需要有较强的政府支持与财力做支撑。

（五）张家港的集中居住模式

张家港优化村庄布点始于 20 世纪 90 年代，其主要策略是优化城镇布局，建设多层次社区服务体系，引导农民适当集中居住。具体措施有：调整行政区划，减少城镇数量和行政村数量，在每个镇建设中心社区，每个行政村建设村级社区，形成市、镇、村、企业四级社区体系，每一级都配设一定的公共服务设施；推进村庄改造与集中居住区新建；引导农村非农人员住进镇区新建的公寓区。该模式最值得借鉴之处在于：大刀阔斧地进行行政区划调整，以及政府通过建设多层次社区服务体系以引导农民适当集中居住。

（六）北京冯村运作模式

冯村是城市化进程中新农村建设的运作模式的成功典型，通过旧村改造、土地成片开发整理与产业结构调整相结合，以"统一规划、统一招商、统一开发、统一安置"为指导原则，进行"迁村进社区、迁商进街区、迁厂进园区"运作，即所谓"三迁工程"，实现"村民向社区集中、商服向街区集中、企业向园区集中"。该模式能够在短时间内达到土地集约化利用，不仅能解决常见的拆迁安置难题，还可以多方面增加农民收入。以土地换股份，村民不仅没有失去土地，还改善了原来的居住环境，又为城市发展腾出了可供开发的建设用地，完全符合科学发展观，因此这种土地集约利用模式值得参考。

三、河北省农村居民点集约用地模式

依据上述河北省农村居民点综合分类和集约用地标准测算，河北省农村居民点集约用地模式主要采用以下几种模式：

（一）I 类区：环首都环省会平原带状集中集约用地模式

该类区主要位于环首都、环省会周边地区，基本上全部为平原区，呈带状分布在首都和省会周围，区位条件好，有政策倾斜，随着环首都经济圈的建立以及河北省新民居建设政策，该区域可以承接首都或省会外溢信息、人才、资金和技术，该区应利用区内良好的资源和区位优势，以新型产业为主导，建设高层次人才创业园区、科技成果孵化园区、新兴产业示范园区、现代物流园和养老、健身、休闲度假、观光旅游、有机蔬菜、宜居生活基地，在国家政策导向的基础上，积极进行土地开发利用，增加土地经济投入，实现土地集约利用。由于该区不再以农业为主，农村居民点房屋建设应该向空间发展，建设高容积率的多层建筑，形成低密度高容积率的集约用地模式。

（二）Ⅱ类区：高水平集约用地模式

该类区经济发展和城市化水平较高，地形主要为平原或丘陵，农村居民多为兼业。农村居民点分布表现为点上的集中和面上的分散，就村庄个体来说，房屋是集中的；但就村庄在整个地域空间的分布来说，却是散开的。

此类农村居民点应积极发展集中式供水供电，推进公共基础设施建设，切实保护耕地，大力发展现代农业，引导农民适度集中居住，大力节约村庄建设用地。但为了保障农民舒适的生活环境，房屋建设不宜过高，适合发展高密度低容积率的集约用地模式。

（三）Ⅲ类区：环首都环省会山区分散集约用地模式

该类区主要分布在环首都环省会周围山区，山区农村居民点的特点是：地势崎岖，人口密度小，居住分散，人均耕地少。该类区同样受到首都、省会经济发展的辐射和带动作用，需要将居民社区、公共基础设施和生态环境建设纳入统一的规划，合理规划、有效配置土地资源。自然造就的青山绿水，人工营造的生态家园，古香古色的老式建筑，都是现代人的最爱。农业观光，乡下休闲，让越来越多的新村迅速兴旺起来，此种模式的农村居民点在社会主义新农村建设中具有长远的可行性。

该类区农村居民点集中的原则：交通闭塞的农村居民点向交通便利的集中；规模小的向规模大的集中；经济落后区向经济发达区集中；人口密度小的向密度大的集中；分布在山谷深处的向山谷出口处集中；与镇区相邻的引导其进入镇区定居。对农村居民点内的旧住宅区、闲置用地和低效用地进行整治改造。山区分散集约用地模式突出农村居民点建筑低密度高容积率。提倡2户以上的农民联合建房，同时将农民住宅建设与基础设施建设相结合，统一修建道路；统一安排农业加工和生产场所，如晒谷场；统一安装电网和自来水。

(四) Ⅳ类区：城镇化集约用地模式

该类区的特征是中心城市在县城所在地，中心城市对县域的辐射较强，随着中心城市的发展，县域逐渐融入城市发展，以农业生产为主的农民逐渐减少，兼业经营的农民不断增加，农民逐渐接受和适应城市生活，土地集约利用尤其重要。该类区农村居民点集约用地模式应与城市统一规划，增强基础设施建设，以城镇化为目标调控农村居民点用地，提高建筑密度和建筑容积率，参照城镇的布局、结构、功能，规划农村居民点布局建设，集中建设农民公寓并向空间发展，实现"设施齐全，功能完善，路网相联"，群众足不出村就可以解决食、住、行、娱、学、医等日常问题，使新农村建设与城镇化进程有机结合在一起，逐步实现城乡一体化。

(五) Ⅴ类区：乡村化集约用地模式

该类区普遍为广阔的农村天地，长期保持乡村功能，农民以农业生产为主，接受城市辐射和带动作用较弱，农民过着传统的农村生活，经济发展较差或一般。该类区农村居民点集约用地模式应着重考虑农民以农业生产为主的特点，在宅基地面积和房屋建筑应适宜农业生产的基础上，以现有的农村居民点布局形式为基础，控制其向外发展，新增农村居民点建设以内部挖潜为主，推进基础设施建设，切实保护耕地，大力发展现代农业，引导农民适度集中居住，节约集约村庄建设用地。同时，要体现出农村朴实的民风和淳厚的风土人情，在创造良好的生产、生活环境的同时保持乡村特有的朴素风貌和浓厚的乡土气息，把农村居民点建设成既具传统农村景观特色又能让居民享受现代化生活品质的生态良好、环境优美的宜人聚落。

本章小结

本章首先以县域为单位，从地形地貌、区位条件、交通条件、国家政策、经济发展水平、城市化水平等方面深入分析影响农村居民点的主要因素，选取县域土地面积、农村人均纯收入、GDP、公路里程、地形地貌、距中心城市距离、城市化水平、政策规划因素八个指标，运用聚类分析法对河北省农村居民点进行综合分类。分类结果显示，河北省农村居民点可以分为5种类型，分别为：Ⅰ类区主要为环首都、环省会区，受政策因素影响较大；Ⅱ类区主要为经济发展水平较高的地区；Ⅲ类区主要为山区县、环首都、环省会，经济发展水平不如Ⅰ类区高；Ⅳ类区为中心城市在县城所在地；Ⅴ类区为其余各县，各方面因素比较一般。

其次，在充分调查农户意愿和诉求的基础上，运用反映农户意愿的调查数据，在进行二维Logistic模型分析的基础上，挑选出对农村居民点集约利用有显著正向和负向影响的主要因素，包括被调查者年龄、被调查者受教育程度、农户家庭收入水平、农户家庭农业收入、农户经营类别、是否为村干部、农户已有人均居民点用地等。把这些因素的调查数据，运用多元线性回归模型进行量化处理，从而得出河北省不同类型农村居民点集约用地标准，该标准充分反映了农户意愿。

最后，通过分析国内外农村居民点发展模式和特点，总结分析河北省农村居民点集约用地模式。针对河北省农村居民点分类，总结归纳出五种农村居民点集约用地模式：分别为：环首都环省会平原带状集中集约用地模式、高水平集约用地模式、环首都环省会山区分散集约用地模式、城镇化集约用地模式、乡村化集约用地模式。

值得注意的是，农村居民点集约用地标准应该是动态变化的，随着农村经济的发展、农民受教育水平的提高以及城乡一体化的不断加快，农户集约用地的意愿会不断加强，农村居民点集约用地程度不断提高，集约用地标准也会发生变化，需要及时动态更新和调整。同时，农村居民点集约用地标准受调查实际情况的限制较大。调查时农户对家庭收入水平和已有宅基地面积比较敏感，回答数据比较保守，同时对预期居民点面积的回答比较随意，一定程度上影响了农村居民点集约用地标准测算的准确性。另外，考虑到数据获得的可行性，以县域为单位对农村居民点进行综合分类，忽略了县域内农村居民点的差异，一定程度上影响了研究结果的实际应用价值，还有待进一步完善和探讨。

第六章

河北省城乡建设用地增减挂钩情况分析

第一节　河北省城乡建设用地增减挂钩
工作实施基本情况

一、国发 ［2010］ 47 号文件下发以前的情况

　　2009 年国土资源部批准河北省为城乡建设用地增减挂钩试点省，2009 年、2010 年分别下达河北省挂钩指标 15000 亩、14500 亩，要求按照国土资源部管理办法开展增减挂钩试点工作。具体要求为：依据土地利用总体规划，将若干拟整理复垦为耕地的农村建设用地地块（即拆旧地块）和拟用于城镇建设的地块（即建新地块）等面积共同组成建新拆旧项目区，通过建新拆旧和土地整理复垦等措施，在保证项目区内各类土地面积平衡的基础上，最终实现增加耕地有效面积，提高耕地质量，节约集约利用建设用地，使城乡用地布局更合理的目标。管理办法要求将拟复垦为耕地的农村建设用地地块和准备用于城镇建设的地块等面积共同组成建新拆旧项目区，建新、拆旧地块必须同时定位，而且在同一县域范围内，建新、拆旧项目经整体审批后方可实施。

　　在此基础上，河北省国土资源厅本着解放思想、改革创新的精神，适时把国土资源部增减挂钩政策与河北省新民居建设紧密结合起来，提出了新民居示范工程建设用地政策，即：新民居示范村建新拆旧确需占用农用地的，

采取周转用地的办法，允许先占后补；旧村址复垦的耕地，在归还周转用地、留足农村发展用地后，其余部分可作为土地置换指标，置换城镇建设用地。这项政策与国土资源部增减挂钩政策的总体要求一致，遵循了耕地和农用地总量不减少、建设用地总量不增加，优化城乡用地结构和布局，推进土地节约集约利用的原则，对于解决新民居示范工程建设用地问题，推动新民居建设起到了积极作用。

考虑到按照国土资源部管理办法以建新拆旧项目区来管理和运作，新民居示范村建设和置换城镇建设用地将受到严格限制，既影响新民居示范村的新村选址，难以解决新民居用地难题，又无法及时有效地置换出节余指标来满足城镇建设用地的需求，河北省未把示范村建新、拆旧和置换到城镇的建设用地项目作为同一个项目整体审批和实施，而是分成了两步：先由省国土资源厅审批新民居建设周转用地和旧村址复垦方案，核定可用于置换的节余指标；然后再由省政府按现行土地置换程序审批挂钩的城镇建设用地，实际上是把农村节余的建设用地作为置换指标来使用。这种做法便于灵活安排使用挂钩置换的城镇建设用地，也不会因城镇建设用地地块落实不到位而影响新民居建设，置换到城镇的建设用地可以根据当地土地供应情况在选址和供地时间上灵活掌握。同时，考虑到国土资源部下达河北省的挂钩周转指标既不能满足新民居示范村建设的需要，也不能有效缓解城镇建设用地不足的问题，河北省对挂钩周转指标未实行总量控制，只是对新民居建设节余土地的置换采取了每年不超过1/3的限制措施，这样周转用地和挂钩置换的规模就超出了国土资源部下达的周转指标。

河北省实行的新民居用地政策，虽然很解决问题，但有一定的探索性和突破性，属于本省政策。2010年12月27日，国务院下发《关于严格规范城乡建设用地增减挂钩试点，切实做好农村土地整治工作的通知》，根据国土资源部的要求，河北省国土资源厅暂停审批新民居用地，为保持与国家政策的一致，对新民居用地政策进行了适当调整：一是对已批准的周转用地，采取有力措施加强后续管理，确保旧村址按期复垦，按期归还周转用地；二是按照老事老办法，新事新办法的原则，对已置换出来的土地，仍按过去的政策分期分批进行挂钩置换，对新批准的新民居用地，严格按照国家城乡建设用地增减挂钩政策的具体规定执行，实行严格的周转指标总量控制，新旧项目区捆绑运作。截止到2010年12月31日，全省共批准新民居建设周转用地项目区 791 个，周转用地 11.24 万亩（见表 6 - 1），涉及 2579 个行政村，95.12 万户、352.77 万人，核准节余建设用地置换指标 23.93 万亩，已批准使用置换指标 1.59 万亩，拆旧复垦总面积 41.5 万亩。

表 6 - 1　　　河北省新民居建设实际开工使用周转用地情况汇总

设区市	批准项目区总数	开工项目区个数	开工使用周转用地面积（亩）
石家庄	144	104	5086.69
承　德	52	50	1742
张家口	58	57	4567.63
秦皇岛	29	29	8692.79
唐　山	87	70	4004.97
廊　坊	72	66	9869.05
保　定	86	70	5648.48
沧　州	81	66	3210.4
衡　水	60	60	11552.25
邢　台	66	60	3336.18
邯　郸	56	51	2567.85
合　计	791	683	60278.29

截至 2011 年 5 月 1 日，已有 683 个项目区开工建设，占批准项目总数的 86.3%。未开工项目区 108 个，占项目总数的 13.7%。未开工原因多为建设资金未到位。有 73 个已开工建设项目存在资金问题，占项目区总数的 9.2%。全省新民居建设实际开工使用周转用地面积 6.03 万亩，占批准周转用地面积的 53.4%。

二、现阶段城乡建设用地增减挂钩基本情况

为深入贯彻落实国发［2010］47 号文件精神，切实加强城乡建设用地增减挂钩试点在线监管工作，国土资源部研究制定了《城乡建设用地增减挂钩试点在线监管系统建设方案》（以下简称《方案》），要求各级国土资源主管部门在全面完成增减挂钩试点清理检查，并对项目区进行严肃整改的基础上，将整改合格的项目区按《方案》要求及时上图入库，经省级

国土资源主管部门审定后，通过全国增减挂钩试点在线报备系统报国土资源部备案。

试点省级国土资源主管部门，要对项目区整体审批和挂钩周转指标下达等情况，及时做好登记，按月在线报国土资源部；试点市、县国土资源主管部门，要对项目区实施情况，及时登记逐级上报；项目区实施完成后，由省级国土资源管理部门组织验收，并做好成效分析，在 10 个工作日之内在线报部。部将对在线报备的项目区进行统一配号管理，并对在线监管工作定期进行检查考核，凡未进行在线备案的项目区，一律不予确认，凡未按要求落实在线监管的省份，部将暂停该省增减挂钩试点工作。

截至 2012 年 3 月 31 日，全省共上报整改卷 993 宗，经审查，核准 956 宗项目网上报备（其中：原土地置换项目 414 宗，原新民居项目 542 宗），见表 6 - 2、表 6 - 3，其中涉及：

（1）拆旧区总面积 35.26 万亩（含跨县域拆旧区面积 1.97 万亩）。其中原土地置换项目拆旧区面积 13.75 万亩，原新民居项目拆旧区总面积 21.51 万亩。

（2）建新区总面积 25.20 万亩（含跨县域建新区面积 1.45 万亩）。其中农村建新总面积 6.56 万亩，城镇建新总面积 18.64 万亩，共占用耕地 19.76 万亩。

（3）为落实建设用地不增加，耕地总量有增加的要求，河北省新民居项目建设中，农村建新区按 1：1.2 倍归还周转用地，项目实施后，可新增耕地总面积 1.29 万亩。

（4）根据汇总情况，全省计划第一年归还 8.27 万亩，第二年归还 6.92 万亩，第三年归还 10.02 万亩，所有项目均在 2014 年 12 月 31 日前归还完毕。

全省跨县域增减挂钩项目共 48 个。其中，新民居跨县域项目 18 个，拆旧区总面积 1.28 万亩，建新区总规模 1.17 万亩（城镇建新区总面积 0.81 万亩），农村建新区总面积 0.36 万亩。土地置换跨县域项目 30 个，拆旧区面积 0.7 万亩，城镇建新区面积 0.29 万亩。

表 6 - 2　　　　　　　　　　河北省新民居项目总规模

分类	项目数量	拆旧区总面积	建新区总面积			归还计划			单位
			合计	农村建新面积	城镇建新面积	第一年	第二年	第三年	
新民居	542个	14337.2361	12496.2135	4306.3698	8189.8437	2499.2427	3748.8640	6248.1067	公顷
		21.5059	18.7443	6.4596	12.2848	3.7489	5.6233	9.3722	万亩
其中跨县域	18个	849.7990	777.2644	238.3280	538.9364	155.4529	233.1793	388.6322	公顷
		1.2747	1.1659	0.3575	0.8084	0.2332	0.3498	0.5829	万亩
收卷数量	561个	审卷数量	542	备注	1宗待完善，18宗撤销或补件				

表 6 - 3　　　　　　　　　河北省新民居项目总规模分市汇总

市　别	项目数量（个）	拆旧区总面积（公顷）	建新区总面积			建新区占用耕地面积（公顷）	可增加耕地面积（公顷）
			合计（公顷）	农村建新面积（公顷）	城镇建新面积（公顷）		
石家庄	55	705.3961	597.3572	421.3372	176.0200	554.5405	84.2674
承　德	5	111.9695	98.2460	27.0204	71.2256	26.2120	5.4041
张家口	52	1720.8096	1385.8393	401.7969	984.0424	791.6757	80.3594
秦皇岛	12	376.1262	339.1100	133.4125	205.6975	219.7167	26.6825
唐　山	22	1306.9784	1216.4127	218.8207	997.5920	1032.9133	43.7641
廊　坊	54	2813.4485	2628.2795	622.8153	2005.4642	1967.8919	124.5631
保　定	49	1868.0277	1662.6399	529.1676	1133.4723	1458.3342	105.8335
沧　州	38	434.6776	380.3541	179.1308	201.2233	280.4851	35.8262
衡　水	58	2245.0817	2053.6532	770.1756	1283.4776	1685.2739	154.0351
邢　台	23	1134.3388	799.1539	246.8059	552.3480	722.6721	49.3612
邯　郸	174	1620.3820	1335.1677	755.8869	579.2808	1203.8003	151.1774
合　计	542	14337.2361	12496.2135	4306.3698	8189.8437	9943.5157	861.2740
	万亩	21.5059	18.7443	6.4596	12.2848	14.9153	1.2919
其中跨县域	18	849.7990	777.2644	238.3280	538.9364	190.1135	47.6656
	万亩	1.2747	1.1659	0.3575	0.8084	0.2852	0.0715

第二节　城乡建设用地增减挂钩工作取得的成效和经验

一、取得的成效

2009 年以来，按照国家城乡建设用地增减挂钩政策的主要精神，结合河北省实际情况，省国土资源厅研究制定了周转用地和挂钩置换政策。实践证明，这一政策既破解了新民居用地难题，又为城镇发展增加了新的建设用地空间，有效缓解了土地供需矛盾，成效显著。具体表现为以下几方面：

一是为新民居建设提供了用地保障。此项工作为原新民居项目农村建新区（即周转用地）提供建设用地 7.0773 万亩，同时为城镇提供挂钩置换指标 12.4379 万亩，相当于为全省增加了 19.5152 万亩新增建设用地指标，而且主要是耕地转用指标，有效解决了河北省新民居建设用地难题，缓解了河北省新增建设用地不足的压力，有力支持了新民居建设和城镇发展。另外，2011 年和 2012 年国家下达河北省城乡建设用地增减挂钩指标共计 8 万亩，这些指标可为新的新民居建设用地提供用地保障。

二是为县域经济发展提供了用地空间。近两年来，年度用地计划指标主要用于保省重点项目，一般分配到设区市统筹，很少再分配到县级，导致县级建设用地指标十分紧张，这也是造成基层违法用地增加的原因之一。开展新民居建设节余出的土地，相当于国家下达河北省两年的农用地转用指标，对促进和支持县域经济发展意义重大。有的县可用于置换的建设用地达到几千亩，能满足全县 3～5 年建设用地需求。

三是增加了耕地面积。河北省 2579 个行政村启动了新民居建设，参与农户 95.12 万户，惠及农民 352.8 万人，按每村可节约 150 亩土地计算，可净增耕地 45 万亩。

二、主要经验

一是将新民居建设纳入新一轮土地利用总体规划中。以武邑县城中社区为例，该区域位于城乡结合部，由 11 个村联建，总人口 4045 人，原村庄占地 1380 亩，耕地 5820 亩。县城规划区内的前丁村等 7 个城中村原村庄占地 900 亩，耕地面积 3000 亩。县城规划区外的吕庄村等 4 个村，原村址占地 480 亩，耕地面积 2820 亩。通过新一轮规划编制，武邑县做到了镇村体系规划、产业发展规划、新民居示范村村庄规划与新一轮土地利用总体规划相衔接。

二是土地整理净增耕地指标收益返还新民居建设。如武邑县城规划区外的 4 个村共有 1241 人，村庄占地 480 亩，土地复垦整理后，按 1∶1.2 规划周转指标外，还剩余 277 亩用于置换指标，主要用于商业服务业、住宅等经营性用地。净增指标按每公顷 150 万元计算，人均可补贴 2.2 万元。另外，前丁庄等 7 个城中村共 2804 人，新民居建设可净增耕地 900 亩，全部折抵建设用地指标，按每公顷建设用地指标 150 万元计算，可折合人民币 9000 万元，人均可补贴 3.2 万元。拆迁农民原住宅平均按 3 间房计算，拆迁补偿 6 万~8 万元，加上指标收益人均分配 2.2 万~3.2 万元，4 口之家可获得补偿金 14 万~20 万元，而当地建一套 120 平方米的新房成本价为 13.2 万元，基本能保障农民住新楼不用另外掏腰包。

三是多途径筹集建设资金。如衡水冀州市的做法：①完善政策促。制定《推进中心村新型住宅社区试点建设扶持政策》，在财政、土地、规费、金融、社区服务、社会荣誉六个方面制定了 23 条优惠政策。②级差收益补。按开工顺序，前 2000 亩上缴市里的净增土地指标，每亩奖励示范村 10 万元，前 2000~5000 亩净增指标每亩奖励 7 万元，用于补助新民居建设。再者，从级差收益中按照每户不超过两万元的标准设立专项资金，投资新社区基础设施和公共服务设施建设。③财政资金挤。每个社区启动时给予 50 万元的进场费用，对周转用地按照每年 750 公斤小麦的标准，给予三年的补贴等。④整合项目聚。专门下发文件，将分属 23 个部门的三大类 20 项支农资金，整合起来，捆绑使用，集中投放，重点用于新型社区基础设施建设。⑤金融机构贷。积极与市联社协调，开展新民居建房贷款业务。由村委会统一组织，实行农户口联保，贷款期限为五年，利率采取浮动利率的方式，次月 1 日起按相应利率档次执行新的利率。

四是村民的主体作用不容忽视。新民居建设应以尊重民意为基础，从群众诉求高意愿强的地区开始逐步推进，恰当运用市场经济手段，建立一套符合实际、行之有效的工作机制，特别是通过发挥农民的主体作用，使广大农民改变落后的建房模式，走出为盖房而耗尽家财的传统"怪圈"，必须让群众看到实际好处，得到实际好处。

五是班子的核心作用最为关键。如云雾山村"两委"班子始终心往一处想、劲往一处使，"不改变贫穷面貌，不让村民过上好日子，决不罢休"。他们难事敢想、难路敢闯、难题敢解。以强烈的干劲、公心和责任心，体现了农村基层干部的人格魅力，从而赢得民心。

六是富民产业支撑不可或缺。如云雾山村以新民居建设为抓手，在推进基础设施和公共服务设施建设的同时，利用节余土地196亩建立了蔬菜种植有限公司，利用山场发展中药材、蔬菜种植、养殖业以及开发农家游，实现了土地流转和规模经营，转变了发展方式，合理发挥了资源优势，推动了富民立村产业的发展，从根本上为农民持续增收开辟了新渠道。

同时，新民居建设要和当地的生产力、发展水平相适应。有些地区新民居建设变质的根本原因在于地方没有充足的财力进行建设、拆迁和复垦，而拆迁和复垦是新民居的成败关键，因此才导致了引入开发商、小产权房、烂尾小区的情况出现。

第三节 河北省城乡建设用地增减挂钩类型分析

一、依据实施主体不同划分的类型

（一）村民或村集体主导型

农村集体根据自身条件，在土地利用总体规划范围内，利用相关优惠政策独立实施拆旧建新以及土地复垦，村民自筹资金建房，集体出资负责公共设施建设，节约出的土地主要用于本村产业发展。这种类型的村庄一般村委比较团结，具有较强的经济实力，村民富裕程度较高，或者一些集体经济实力虽然比较薄弱，但村民积极性比较高，进入城镇或者改善居住环境的意愿较强。如承德的云雾山村，迁西县汉儿庄乡下洪寨村、洒河桥镇烈马峪村、罗家屯镇范家峪村等。

（二）市场运作型

投资方依据挂钩政策，利用当地政府的一系列优惠措施，开展项目区建新拆旧、农民安置以及土地复垦等工作，通过土地置换获得自己需要的项目用地，而政府在其中主要担负监管调控职能，不具体参与项目的实施。通过调研，河北省具体包括以下几种方式：

一是依托投资项目，实现村企共建。项目投资人因项目开发占用该村土地，负责出资建设新民居，利用节约的土地进行项目开发建设，实现村庄整体新建、企业拓展空间互惠双赢的目的。如张家口怀来县后郝窑村，节余土地126亩，进行旅游开发建设；邯郸永年杜刘固村、曲周白寨利用村庄改造后节余的土地，培育发展特色养殖、农产品深加工等产业；衡水市依托产业和园区建村，围绕万亩西瓜基地建设的阜城许家铺村，以及武邑开发区的祥和社区等，形成产业发展和新民居建设的优势互补、共同促进。

二是土地置换指标有偿使用，将旧村土地复垦为建设用地，通过土地置换指标收取有偿使用费，为新民居建设集聚部分资金，如廊坊市永清县韩村镇"九兴区"通过此种方式节余土地146亩。

三是靠近城镇周边的村利用"城中村"改造拆迁安置补偿政策，通过对现有建设用地依法进行市场化运作，达到让村民入住新民居的目的。

四是开发商出资垫付，开发商先出资进行建造，然后卖给村民，此种方式最大受益人不是村民，对于经济条件不发达的地区，效果不是很好。

（三）政府主导型

这是当前比较普遍的运作模式。政府根据当地经济社会发展水平和土地利用实际情况，将挂钩政策作为缓解建设用地供需矛盾、破解项目用地难题的一个有效措施来统筹运作。在这种模式下，政府作为具体组织实施者从项目区立项选址、规划编制、方案设计、企业招投标、资金筹集等方面全权负责挂钩工作实施，最后挂钩项目区由政府验收。

二、依据实施具体方法不同划分的类型

(一) 滚动发展型

滚动发展模式主要是针对有些村规模较大、一次性投入能力不足的实际，按照统一规划、统一配套、统一样式、统一标准、统一招标、统一建设的要求，利用周转用地建设部分新居，待村民搬入后，将部分旧居拆除并建设新居，从而实现分批搬入、滚动建设。或者在经济基础较好的村，由有一定经济实力的农户按规划自建，通过滚动发展逐步变分散居住为集中居住，有效解决农村"有新房没新村"的问题。例如廊坊永清县有7个村街采用此模式，旧村址总面积2088.9亩，规划新村占地539.511亩，需使用周转用地399.51亩，预计可腾出建设用地1489.4865亩。唐山遵化市康各庄村聘请专业规划设计部门编制村庄建设规划和住宅建设方案，将废弃荒地划为住宅新区，村民按统一设计建设二层单体别墅楼，原村址内禁止随意翻建，力争通过5~10年滚动发展，拆除旧村，壮大新村。

(二) 原址改造型

1. 旧村改善提高型

该模式针对已具备一定基础、仍有发展空间的村，遵照"生态、节能、环保"新理念，坚持因地制宜、量力而行的原则，就地对原有旧民居实施改造工程。如唐山的"六个一"模式（即：一个红色坡屋顶、一堵保温隔热墙、一套太阳能采暖供水设施、一个农家吊炕、一个沼气卫生厕所、一个节能博士灶）。

2. 原地拆旧建新型

对没有闲置土地、村庄周边遍布基本农田不能申请周转用地的村街，可动员集中连片的部分村民先期拆迁旧居，就地进行新民居建设，建成后，农民一次全部搬入新居，村街按月向先期搬迁的村民发放租房补贴，如廊坊永清县冰窖村，旧村址945.6亩，规划新村占地301.5亩，预计可腾出建设用地644.1亩；邯郸小第八村新村建成后占地面积197亩，节余土地135亩。

3. 城中村改造型——原有宅基地换住房

城中村改造型一般采取原有宅基地换住房的方式。城中村由于受到城市建设布局、产业布局等因素的共同影响，地理位置优越，运作空间较大，可以实现城市建设和新民居建设一体化的目标。因此，城中村改造一般与城市开发建设相协调，面临农民无资金、村集体无实力的状况，一般实施集体平改、以地换房、委托代建，实现城建、村庄、农民多方受益。

4. 城郊村的改造——城郊村变社区（城镇社区型）

城郊村的改造一般结合城区或者县城规划建设以多层居民楼为主体的新型社区，达到与县城规划匹配统一，并引入城市社区管理机制。这种模式有的地方称为"城郊对接融合模式"。城郊村距离城市或县城较近，区位交通便捷，农民思想活跃，受城市思想和生活习惯影响较大，易于接受城市文化和生活方式，能够享受城市的配套服务辐射功能，新民居建成后可迅速融入城市环境，所以城郊村一般改造为社区。

（三）搬迁重建型（整村搬迁）

对于改建难度大、发展受到限制、处在蓄洪区内、煤矿塌陷区内、受污染严重不适宜居住或重大项目占地拆迁的村庄，由于受地形限制或新的开发需求，需要迁出原址，由政府主导向邻近乡镇搬迁，迁至安全、交通和用地条件好的地区重建。例如唐山滦县响堂镇研山新村是由6个村因唐钢开发而整体迁建的新村，整体搬迁后配套建设了自来水厂、污水处理厂、村委会办公楼、学校和幼儿园、超市、停车场等，成为一个功能设施齐全的生活居住新区，节约土地897亩。这种模式必须对新址进行可行性分析和居住环境设计，制定完善的搬迁规划和后续发展规划，解决搬迁动员、新村筹建、生产发展、居民生活、配套设施等具体问题，避免引起农民不满和各种矛盾。

（四）村庄合并扩建型

村庄合并扩建模式是针对某一区域内村庄规模小、数量多、人口少、用地大、基础设施落后、交通不便、零散分布的现状，比较各村的规模、人口、经济实力和区位等因素，选取基础较好、规模较大、具有区位优势的村庄，将就近的几个村合并为新村，实行联村建设，实施联建点向主干公路靠拢，村庄向主干公路聚集，以交通优势吸引周边村向联建点集中，并将原村庄用地还耕（平原、丘陵地区）或退耕还林（山区、半山区）。如曲周白寨中心村通过多村联建，将原有村庄占地 5000 亩压减到 2160 亩，还有深州市的大疃社区、南北社区等。这种模式有利于解决"空心村"问题，解决村庄分散、耕地浪费严重、基础设施建设成本过高等问题，提高土地使用的合理性和有效性，形成合理的村镇网络结构。

第四节　城乡建设用地增减挂钩工作存在的问题

一、国发〔2010〕47 号文件下发前延续的老问题

（一）部门、规划协调不到位

增减挂钩是一项牵一发而动全身的工作，涉及各种社会利益的协调和平衡，需要多部门、多主体在土地利用总体规划框架内通力合作。但当前"挂钩"试点区在实施建新拆旧过程中通常具有权宜性和临时性，尤其是在建新区的规模和布局上可能会突破原有的土地利用总体规划和村镇规划。同时，村镇建设规划普遍滞后，挂钩试点专项规划普遍缺位，项目区实施规划与现行土地利用总体规划及村镇建设规划不衔接的问题比较突出。尤其是规划建新区选址有待进一步完善，如果选址不当或布局不合理，将会给农民的生产生活带来极大不便，无形中增加农民的劳作成本，违背增减挂钩政策的初衷。同时，规划时存在重"居住"轻"产业"问题，在方便农民生活方面考虑相对较多，而对于推进村民生产方式转变上考虑较少，尤其是在引导农民打破小农思想，加快土地规模化经营，拓宽农民增收渠道方面，做得还不够到位，没有把增减挂钩规划与产业发展同步考虑。

（二）缺乏资金保障与监管

资金是实施挂钩政策中遇到的最大难题。无论是农民住房的拆旧建新、对农民的补贴，还是原宅基地的复垦、农民安置新区的公共设施投入，都需要一次性投入很多资金。挂钩政策隐含的一个思路是发挥级差地租杠杆作用，在最低限度地动用政府公共资金的情况下，利用城镇建设用地和农村建

设用地的收益剪刀差以及相关优惠政策，实现项目区内的资金自我平衡，从而推动城乡用地结构优化和空间布局合理化。对于经济发达地区的城乡结合部而言，这种可能性是存在的，但是对于广大农村欠发达地区，资金能否自我平衡，特别是启动资金的来源如何解决，亟待解决。

目前由于挂钩处于试点阶段，资金投入主要靠地方政府投入，资金来源比较单一，资金筹措对于大多数地方政府来说难度不容小觑。其拆旧建新置换出来的建设用地指标能否获得预期收入，预算资金是否合理、是否及时到位都具有一定风险，同时资金使用缺乏监管。因此，在较短时间内建立起一套高效的挂钩资金筹措、运作和监督机制，保证项目实施过程中资金按时足额到位以及高效利用，成为当前迫切需要解决的问题。

（三）挂钩周转指标难以按期归还

首先，挂钩政策是一项制度创新，政策性强，一些地方对挂钩政策的内涵和意义认识不够，尤其是一些地方政府对挂钩政策的理解过于简单，各地挂钩工作目的都比较明确——为城镇建设用地争取空间。多数地方仅把开展挂钩当作是增加用地指标的手段，而不是把它作为集约和节约利用土地，特别是保护耕地的一项措施，导致挂钩试点实施过程中，重视城市建新区建设，而忽视农村建设用地的拆旧整理。其次，拆旧区的选择一般按照"搬迁量少、搬迁成本低、复垦整理容易、增加耕地面积多"的原则进行，随着工作的不断深入，这种地块越来越少，拆旧空间越来越小，拆迁任务越来越重，投入成本越来越高，实施难度越来越大。再次，由于挂钩项目涉及拆迁补偿、安置、复垦等经费问题，资金筹措困难，同时，农民的生产生活方式也将有所改变，农民在拆迁过程中顾虑较多，增加了项目拆迁难度。最后，对于拆迁农民发展问题，如果在区域产业发展定位、农民谋生方式、经济发展稳定性、土地经营方式等不明确的情况下盲目搬迁，将会造成新一批失地农民，如何保障农民生活水平得到提高、生活质量得到改善，将是一个长期而艰巨的问题。所有这些造成挂钩周转指标不能按期、保质、保量归还。

另外，由于挂钩是一个系统工程，会涉及诸多因素，也会出现许多突发情况，比如地方主要领导更换、资金链条断裂、部分农民不愿搬迁等情况都可能影响项目的进展，甚至导致项目停顿或者夭折，因而对挂钩周转指标的归还也会产生一些影响。

二、47 号文件下发后出现的新问题

（一）部分项目不能按照国家的规定在线报备，形成新的违法占地

47 号文件下发后，国家建立了城乡建设用地增减挂钩管理系统，要求项目所在县市对已批新民居用地项目按申报实施类、暂停实施类、撤销实施类三类分别进行整改，申报实施类要通过网络报国土资源部备案，每月上报报备项目的建新拆旧进度，对不能按时完成建新拆旧任务的，国家将直接对项目进行督查，部分县市担心申报后完不成复垦任务，建新区扩大导致国家问责，不敢进行报备。但不进行报备项目，国家将不认可周转用地的合法性，形成了部分新的违法用地。如仅石家庄市不申报报备且已占地的项目就有 48 个，共占地 133.07 公顷。

（二）农村居民点权属调整复杂

在农村居民点的安置过程中，有些可能集中安置，有些就地安置，有些需异地（跨村、社）安置，还有些农民转为城镇居民，这就使得农村居民点的安置用地存在城镇建设用地和农村居民点用地交织、国有土地和集体土地交织现象，如果不能很好地规范土地权属的调整和确定，很可能导致土地资产的流失。因此，在保障农民利益的同时，规范挂钩项目实施过程中的权属关系调整是挂钩工作的关键之一。

（三）农民利益易受侵犯

在当前我国还属于城乡二元结构的条件下，把城镇和农村两个行政级别和性质不同的区域放在同一个项目区，本来需要两个行政区协商的事情变成为在项目区内解决，农村和农民的利益容易受到侵犯。民众祖祖辈辈生活的地方，形成了特定的文化、特定的社会生态，他们是否愿意搬迁，是否愿意家园环境改变，都是应该考虑的。依靠行政规划建立起来的项目区，如果只关注要实现的行政目标，就容易忽略这些要求。

总体来看，现阶段地方政府存在两个冲动：城镇化、工业化急需空间的发展冲动；土地财政下的"卖地冲动"。受"两个冲动"的利益驱使，不少

地方政府开展试点工作，更多的是着眼于解决地方经济发展中的用地和资金问题，对如何在挂钩政策实施过程中还利于民，造福百姓问题，主观考虑得少，农民实际得益不多，也缺乏有效的保障措施。挂钩过程中，将农村建设用地整理复垦成耕地，造成拆旧农民失去自己赖以生存的宅基地、房屋及其他附属生活设施。同时，通过土地调整，产生了巨大的土地增值收益，由于农民处于弱势地位，缺乏有效的参与权和话语权，无法决定土地增值收益的分配，而处于主导地位的地方政府，自然会在分配时向自身利益方向倾斜，这就导致土地增值收益不能切实返还给农民，不少地方考虑扣除拆旧复耕投入费用后，剩余收益全部由地方政府支配使用，造成土地增值收益的分配不公，致使农民生活成本和居住成本增加、农民的生活水平停滞不前或有所下降。如此一来，切实维护农民权益就可能变为空谈，违背了挂钩政策的初衷。

第五节　其他省城乡建设用地增减挂钩经验总结

一、其他省城乡建设用地增减挂钩模式

（一）天津市宅基地换房模式

天津目前已经走出了一条"以宅基地换房"为主要特色的大城市周边建设小城镇的发展模式。这一模式的主要特点有：一是节约出来的建设用地指标主要用于新建小城镇或者卫星城建设，从而突破了以往城市"摊大饼"的建设模式。二是节约出来的建设用地出让收入主要用于返还农民的住房建设、工业园区建设以及学校、医院等配套基础设施建设。腾地农户不仅能够无偿获得新建城镇的住房，而且还成为拥有薪金、租金、股金、保障金的"四金农民"。三是对原有村庄用地的复耕统一建设现代农业园区，这样既有利于提高土地产出的经济效益，又为腾地农民提供了就业和增收机会。腾地农户可以至少无偿获得一套80平方米左右的住房，并且能够优先在新建城镇的示范工业园区和农业产业园区内获得就业机会。

华明镇的建设破解了土地制约的瓶颈，成功实现了人口、产业的集聚和

土地价值的提升。规划示范镇总用地 8427 亩，12 个村的宅基地复垦总量是 12071 亩。

（二）重庆"地票交易"模式

重庆农村土地交易所于 2008 年成立，交易品种中的"地票交易"就是指建设用地挂钩指标交易。"地票"产生和交易的基本过程是：①农村建设用地复垦为耕地，经验收合格后产生等面积的建设用地指标；②建设用地指标在交易所被打包组合成地票在农村土地交易所公开交易；③开发者通过竞标购入地票；④政府运用其征地权，将开发者所选耕地征转为城镇建设用地，实现指标落地；⑤该开发者如果在指标落地时竞标失败，则地票按原价转给竞标成功者；⑥指标落地时，地票费用冲抵新增建设用地有偿使用费和耕地开垦费。由此可见，"地票交易"实际上就是地方（主要是土地储备机构、城市企业和自然人等）如果要占用建设用地，首先必须拿出一部分钱用于农村建设用地的复耕和征地补偿等费用，然后才能提出新增建设用地申请，才有资格参与新增建设用地出让的"招、拍、挂"过程。

（三）四川省"拆院并院"模式

"拆院并院"是城乡建设用地增减挂钩在成都市的"俗称"。成都市"拆院并院"模式实施的典型之一即温江区的"两放弃、三保障"。"两放弃"是指：农民自愿放弃土地承包经营权和宅基地使用权的，在城区集中安排居住，并享受与城镇职工同等的社保待遇；"三保障"则是指：农民变成市民需要的三个保障条件，一是能够在城市的二三产业就业；二是在城市拥有自己的住宅，家属能够在城市居住；三是能够享受城市居民享受的社会公共服务。"三保障"和"两放弃"互为条件，农民有了"三保障"，必须"两放弃"；要农民"两放弃"，就必须给农民以"三保障"，以此达到政府与农民共赢。

此模式的主要特点是从项目发起、规划到执行、验收都主要由政府来控制，资金投入以政府投入为主，监督管理手段以行政手段为主，周转指标的使用也主要由政府来控制。

(四) 河南新乡"农村社区"模式

2006 年以来，新乡将全市 3571 个建制村规划为 1050 个新型农村社区。首批重点 369 个新社区全部建成后，可节约一半土地约 26 万亩。新乡对于整合之后的土地利用和收益分配的做法是：一切收益归农民，不以农民放弃土地承包权和宅基地使用权为前提。对农村宅基地和村庄整理拆并，节约土地首先用于复垦。节余出来的土地作为集体建设用地置换到产业集聚区，通过参股、租赁、转让、合作等方式用于农村发展二三产业；其余土地收益专户储存，全部用于新社区基础设施和公共服务配套设施建设。新社区建设不会让节省下来的农村土地"进城"成为城市建设用地，做到不从农民手中挖土地，不在农民身上打主意。

(五) 江苏省开展增减挂钩工作的主要模式

1. 江苏永联村模式

江苏南丰镇永联村位于张家港市东北角，村目前所辖面积 10.5 平方公里，拥有 77 个村民小组，村民 10400 人。2010 年，村工业销售收入 285 亿元，利税 16 亿元，全村可用财力 8000 万元，村民人均收入 21586 元，综合经济实力跨入全国行政村三甲行列。

永联村土地增减挂钩的特点是：土地增减挂钩在村范围内实行，农民集中居住。该村建成占地 600 亩的农民集中居住区——钢城嘉园，节约出建设用地 581 亩，用于永钢集团的发展。由于永联村拥有强大的经济实力，增减挂钩完全由村集体主导，当地政府仅提供政策支持。农民的身份不变，集中居住区土地转变为国有，农民入住后办理国有土地使用权证和房屋所有权证，因而成本较高，预算约需要 6 亿元投资。安置房出售给农户，集体经济组织对农民进行高额补贴。

2. 江苏金坛模式

金坛市土地总面积 976.3 平方公里，辖 15 个乡镇，农村承包农户 13.59 万户、人口 34.75 万人。全市 95% 以上的农村劳动力从事二三产业。金坛市农村居住用地分布散乱，村里的旧宅空置多年，大量砖窑工矿用地闲置，农村建设用地整理、复垦成本相对较低，资金先由当地政府垫付，部分土地开发收益可抵平投入。对搬迁农民按需分别安置：一是对空心村已搬走农民的空置房屋，按照建新成本给予补偿；二是搬入中心村的农民不用花钱购买新居，政府按搬迁前后的面积差给予拆迁补偿；三是对进城的农民，按人均30平方米商品房的标准安置。

金坛模式主要特点是：政府主导，以工矿废弃地、空心村整理为主，补偿成本低，整理效果较好。金坛市是全国第一批增减挂钩试点单位，2006年4月国土资源部批复周转指标1753亩，拆旧整理后新增耕地面积1876.8亩。

（六）山东省开展增减挂钩工作的主要模式

山东省首先开展农村建设用地整理专项调查，分析全省农村建设用地整理的潜力及分布；其次预测城镇建设用地需求量，结合可用于增减挂钩的农村建设用地整理规模，进行可行性分析；再次实施项目区规划编制、资金筹集、项目区的设立、制定拆旧区土地整理和建新区土地集约利用和权属调整方案等；最后严格周转指标的管理使用、进行成果验收等。

山东增减挂钩工作实施以来，试点县（市）大胆探索，勇于创新，探索出了许多可借鉴的增减挂钩模式和办法。莱芜市制定了《莱芜市城镇建设用地增加与农村建设用地减少相挂钩项目资金管理办法》，建立挂钩项目资金的管理考评机制，下发《关于建立挂钩试点工作进展情况通报制度的通知》，建立了挂钩工作进展情况通报制度。枣庄市多次召开村民代表及村民会议，将搬迁安置方案及土地权属调整方案进行集体讨论，广泛征求群众意见和建议，为项目区建设顺利实施奠定了良好的群众基础。临沂市沂南县在拆迁安置补偿方面做了新的尝试，由物价办公室牵头，国土、农业、发改等部门参加，组成评估小组，对旧村中所有住房进行评估，形成评估报告后在全村公告，形成了一个公正、公平、合理、群众认可的补偿模式。

二、其他省经验总结

（一）资金筹措模式总结

实施增减挂钩工作的关键之一是资金筹措。以各省市挂钩工作的情况分析，各地挂钩资金的筹措模式大体上可以分为三类：政府主导型、市场主导型、村集体主导型。

1. 政府主导型

挂钩过程中由政府主导，对于农民的拆旧补偿、搬迁安置、原宅基地的复垦整理、安置区建新等费用基本上由政府财政支付或者项目的启动资金由政府垫资，最后用城乡土地的级差收益来平衡投入资金。政府主导型挂钩的周转指标主要用于政府项目。

此模式中，政府可以充分发挥其权威性，完成大量的协调工作，降低挂钩工作的实施难度，同时在政策的实施上比较彻底。但是该模式只能依靠政府财力出资，筹资渠道单一，使得政府财政吃紧。如果项目资金不能够及时到位，就会产生"多米诺骨牌效应"，不但影响目前工程进度，还会对后续的指标周转、农民安置等产生影响。同时政府土地管理机构还要承担项目的组织、实施、管理和验收等大量工作，容易导致权责不清、办事效率不高等问题。

2. 市场主导型

市场主导型资金筹措模式，主要是以政府组建的公司作为投融资主体，按市场化的运作方式，以土地质押获取银行贷款；然后将扣除安置用地以外的土地通过招拍挂形式出让，所获得的土地出让部分收益用于偿还银行贷款。

市场主导型资金筹措模式下，采用市场化运作方式可以充分发挥市场机制作用，多渠道筹集资金，吸引社会资金参与挂钩工作。项目的实施、指标转让也可引入市场机制，保证资源的合理利用和效率的提高。但市场追求的是利润最大化，往往不能顾全大局，影响整个区域土地利用结构优化和合理配置。而且在建设用地指标转让过程中容易形成价格过高的局面。

3. 村集体自主型

村集体自主型资金筹措模式要求村集体具备较强的经济实力，为了满足集体企业或者集体发展对建设用地的需求，自筹资金通过土地挂钩的内循环，置换出建设用地，农民只负担少量的费用。

村集体自主型模式适合于经济较发达、村集体经济实力雄厚的地区，此种模式能够调动村民广泛参与，实现投资主体多元化，让农民能够分享城市化过程中土地增值带来的收益。但这种模式适用范围小、权利主体多、交易成本高、容易产生纠纷，村干部责任重，也存在较大风险。

（二）安置方式总结

1. 城乡一体化模式

农村居民点位于城市建成区内或紧靠城市建成区，村集体经济实力强，人均耕地少，大部分村民从事二三产业。这样的农村居民点具有优越的公共基础设施和区位条件，城市规划可以纳入控制范围之内，对其进行社区化建设，消除城乡二元格局。依据村集体的经济实力和村民的建房意愿，实行一次性搬迁安置或逐步搬迁整理。

这种模式的特点是，农民整体转入城镇居住、搬迁规模大；新居配套齐全、档次高、居住成本高。此种模式对搬迁农民的影响较大、对政府的动员能力和支持力要求高，适合于发达地区或者城中村的改造。在实际工作中还要注重解决好农民的拆迁补偿、就业、社保等实际问题，将安置农民纳入城市社会服务保障体系，同时处理好村集体财产的占有与分配等问题。

2. 迁村并点，建设中心村的模式

迁村并点建设中心村模式就是保持农村居民点用地集体所有制性质，通过对村庄土地空间布局的调整，将规模小、布局分散的村庄搬迁至中心村。由于居住点的分散，难以配套公共基础设施，同时造成土地资源的浪费。针对这种情况，通常采取就近合并原则，将规模小的居民点合并到中心村，并对原址进行整理复垦。这样，既增加了耕地面积，又有利于公共基础设施配套建设。

主要特点有：一是农民集中居住在中心村，集体经济组织的身份、农业的生活、生产方式不变。二是建新区选在中心村或独立建村，改善农村整体面貌和农民的居住条件。公共基础设施和服务设施由政府配套建设，农民能够享受到更好的公共服务。三是建新区住宅由政府统一规划、开发商统建，或政府统一规划农民自建，并给予搬迁户一定的补贴，但农户也需要承担相当的费用。四是尊重农民意愿，迁村并点涉及村民自治体制及农村集体土地的变动，涉及农村居民的切实利益、根本利益、长远利益。

此类模式适用于规模较小的项目区，对农民的生产生活影响较小。虽然建新区住房由政府统一规划和建设，但农民仍需承担部分费用，对于收入不高的农民是不小的负担，加大了农民的居住成本。

3. 就地安置模式（村庄内部改造模式）

就地安置，是将农民安置在本村建设的居住区内，原村内部则重新规划、内部挖潜，减少居民点占地面积，以提高土地利用的集约程度，节约出来的建设用地可以用于村镇企业发展或周转为城镇建设用地指标。此种安置模式适于人口、用地规模较大的中心村或者历史悠久，不适宜合并和整体搬迁的村落，在尊重农民意愿的基础上，对旧宅基地进行统一规划调整，优化布局，逐步将村庄建成基础设施配套齐全、景观优美的现代农村居住区，达到减少居民点面积，消灭空闲宅基地，提高土地节约集约利用度的目的。

4. 整村迁建模式

采用整村迁建模式的地区一般是处于交通极其不便的偏远山区、地质灾害易发区、重大工程搬迁区以及其他不适于保留居民点的区域，当地农民生活条件很差，原农村居民点经整理复垦后主要用于林业、还耕还林及其他投入性小的农业生产类型，生态效益见效快。

整村迁建模式关键在于政府迁建村庄的决心较大。政府作为整村迁建实施的主体，按照土地利用总体规划和村镇规划在交通便利、区域经济发展好的新址上建立新的农村居民点。在资金筹措方面，一般来说以政府扶持资金为主，地方、集体、个人三方面共同筹措，这就要求政府能提供充足的政策和资金，保障原村旧址复垦退耕和迁出农民的生活安置。

三、不同模式下的土地资本化收益分配和利益平衡

在城乡建设用地配置和利用过程中涉及的利益主体主要有农户、农村集体经济组织、建设用地需求方、中央政府和地方各级政府等。各个利益主体的利益诉求简要概括如下：

（1）中央政府是从国家长远发展战略来考量土地问题，力争让土地资源既能满足经济社会发展对建设用地的需求，又能够保证粮食安全、生态安全等问题，实现经济社会平稳较快发展。

（2）地方政府一方面要贯彻中央政府的土地利用与发展规划；另一方面会根据当地发展的实际情况做出相应调整。

（3）建设用地需求方主要包括各类企业以及地方政府，用地需求方希望支付的地价和费用越低越好。

（4）农户和农村集体经济组织希望得到的补偿越多越好。

总之，各利益主体之间存在着很多矛盾和利益冲突。在以上模式中，虽然腾地农户都获得了一定的物质和经济补偿，但是，目前尚没有一种模式能够完全实现各方利益的均衡分配，需要进一步探索如何保证腾地农户能够持续分享到建设用地指标所带来收益的分配机制。另外，上述模式有一个共同的特点，就是政府在推进城乡建设用地配置和利用过程中起着至关重要的作用。政府参与其中并不是政府包办一切，更不是为了索取经济利益，而是更好地服务于经济社会发展，比如制定高水平的土地利用规划、理顺和协调相关利益关系、尊重农民意愿维护腾地农民利益等方面。

第六节　结论及对策建议

综上所述，在总结河北省和其他省工作经验的基础上，河北省城乡建设用地增减挂钩可以因地制宜，采取不同的模式：①对于地理位置和经济条件都较好的城郊地区或城中村来说，可以采取市场主导、城乡一体化或城中村改造模式；②对于比较偏远落后、交通不便、容易发生地质灾害的偏远山区，可以采取政府主导、整村迁建模式；③对于农村居民点布局分散且规模小的村庄，可以采取政府主导（经济实力好的也可以是村集体主导）、迁村并点或多村联建模式；④对于人口和用地规模都较大的中心村或者历史悠久、不适宜合并和整体搬迁的村庄，可以采取政府或村集体主导、就地安置（村庄内部改造）模式。

无论采取何种模式，要解决好城乡建设用地增减挂钩问题，都需要建立好以下三个平衡：

首先是土地平衡。土地平衡是城乡建设用地增减挂钩工作的最基本要求，包括土地数量的平衡、质量的提高、权属的调整和价值的提升四方面。要在土地数量的平衡的基础上提高耕地质量，同时，建新拆旧区土地权属的调整，完成了建设用地由集体所有向国家所有的转变，指标的稀缺性和特许权增加了国有建设用地获取的难度和成本，土地价值必然得到提升，从而间接释放了农村建设用地的潜在价值。

其次为农民心理平衡。农村宅基地是增减挂钩中拆旧的主要来源，农民是拆旧的主体，然而，事实证明，在政府主导的这场活动中，极易忽视农民的主体地位，进而侵犯农民的权益。因此农民的心理平衡至关重要。第一，让农民认知增减挂钩并不会侵犯其自身利益，是实现农民心理平衡的第一步。第二，合理的安置补偿方案，是政府和农民博弈的结果，当大多数农民意见统一，普遍认可，即完成了农民心理平衡的第二步。第三，持续的收入来源和居有定所，保证农民生产生活水平有所提高，是完成农民心理平衡的最后一步。

最后为资金平衡。通过建新区土地市场的有效运转，达到资金投入和筹措的平衡，确保所获土地增值收益及时全部返还农村，用于支持农业、农村发展和改善农民生产生活条件，通过城市支持农村，实现城乡统筹发展。

具体来说，重点需要做好以下几方面工作：

一、多方协调，部门联动，统筹编制专项规划

城乡建设用地增加挂钩（新民居）项目涉及农村居民点拆旧复垦和新居民点谋划布局建设的问题，是一项复杂的综合性工程，必须在政府的统一组织领导下，在土地利用总体规划框架内协调国土、发改、财政、建设、农业、财政、环保等部门从经济、社会、需求、生态环境等多方面来综合考虑，应强化政府责任，多方协调开展，建立强大的部门联动机制，统筹安排、整体推进。

试点市、县应依据土地利用总体规划，编制土地综合整治规划，明确城乡建设用地增减挂钩布局安排，统筹安排挂钩试点工作。同时依据土地综合整治规划，编制挂钩项目区实施规划，合理确定城镇建设用地增加和农村建设用地复垦规模、范围和布局。

（1）与耕地保护、基本农田建设和节约集约用地相结合。通过规划，合理确定拆除、保留和扩大的村庄规模和范围，提高土地集约利用水平。通过开展挂钩工作，有效推进耕地保护和基本农田建设。

（2）与相关产业发展相结合。通过规划，统筹安排农村特色产业，乡村旅游业等相关产业，将引导农民适当集中居住、开展农村土地综合整治与发展农村相关产业充分结合起来，提供就业岗位，提高农民收入水平，促进当地经济发展。

二、拓宽资金渠道，强化资金管理

为保证挂钩试点工作的顺利实施，各级政府应在遵循市场经济规律的前提下，建立多元化、多渠道的资金筹措机制。制定挂钩试点扶持政策，解决建新安置和拆旧整理中资金紧张问题，形成以政府投入为主导、社会多方参与的多元化投入格局，确保挂钩工作能够有稳定的资金来源。

对于偏远农村，政府在加大财政投入力度的同时，坚持"谁整理、谁受益"的原则，明晰土地产权调整及土地收益分配关系，结合相关税费优惠政策，充分调动社会各种资源对土地整理的积极性。对城中村和城郊村，在保证项目进度和资金安全的基础上，政府可以采取"多予、少取、放活"的方针，试行股份制改造，对集体土地和农民个人房产进行量化，组成股份制公司，让农民把持有的土地和房产作价入股，利用公司运营的方式改造旧村，并由政府在土地出让金、基础设施配套费上给予一定优惠。

加强增减挂钩土地收益管理，关键是地方政府要让利，眼光要放在谋取发展空间上，不能既要发展空间，又要与民争利。要建立专项资金管理制度，封闭运行，确保资金实实在在用在项目上，用在农民身上，防止因管理不当流向他用。

三、适当缩小挂钩项目区规模，简化审批程序

由于挂钩项目包括建新拆旧两方面任务，其牵扯面较广，资金投入量大，而如果适当缩小项目区拆旧建新规模，则一方面资金筹措难度降低，另一方面建设实施时间会大大缩短，有利于快速回笼资金，进行项目滚动开发。因此，建议有条件的地区，可以尝试缩小项目区规模，简化挂钩审批程序，制定一套新民居审批操作流程，降低行政成本，缩短项目区实施周期，从而促进挂钩项目滚动开发，在面上惠及广大农村地区。

四、项目区管理封闭运行，确保挂钩周转指标按期归还

按照建新与拆旧相对应的原则设置项目区，项目区内建新用地总面积必

须小于拆旧复垦总面积。对项目区进行封闭管理，按照"总量控制、封闭运行、定期考核、到期归还"的原则，建立增减挂钩指标管理台账，登记辖区内挂钩周转指标安排使用情况和项目区地点、面积、地类等，并对建新拟占用的耕地进行测量和等级评定，登记入册并报省、市国土资源主管部门备案，对挂钩周转指标的使用和归还进行全程跟踪管理，及时掌握项目区实施进展和各项制度执行情况。必须在规定时间内（一般不超过3年）用拆旧地块复垦的面积归还周转指标，对未按计划及时归还挂钩周转指标的，暂停该县（市、区）挂钩试点工作，限期整改；情节严重的，取消试点资格，收回挂钩周转指标，并相应扣减所在设区市土地利用年度计划指标。同时，项目区竣工验收时，应当对照建新占用的耕地面积和等级，对拆旧复垦的耕地进行严格审核验收，确保拆旧复垦的耕地数量有增加、质量有提高。

五、对增减挂钩项目实行差别化管理

增减挂钩在新农村建设进程中因具有依法自愿、因地制宜、周期适中、投入循环、便于实施的特点，为此，对拟新申报的增减挂钩项目区应严格进行审查，不符合条件的不予批准；符合条件的，应加大支持力度，不能用下达指标的形式加以限制，应按照成熟一个、发展一个、建设一个，以点带面，循序渐进，滚动发展。对不能完成在线报备的项目，符合建设村民住宅条件、但目前暂不能完成拆迁复垦旧村址的，按照占地现状，列入农地转用计划指标，待条件成熟后再进行复垦，逐步完成新民居建新拆旧任务。

六、加快推进新民居确权登记发证工作

首先，做好新民居建设涉及的土地权属管理。新民居建设涉及的集体土地，原则上维持原有土地权属不变，对多村联建确需互换调整的，要依法办理土地所有权和使用权调整手续。旧村址复垦为耕地或其他农用地后，要保持集体所有权性质不变，由原村集体管理；旧村址需要继续作为建设用地使用的，按现行存量建设用地管理的相关规定执行。

其次，加快推进新民居确权颁证工作。依据《土地管理法》、《承包经营法》和《物权法》有关规定，在坚持公告、协商一致、利益不减少以及

土地适度集中的原则下开展土地确权、权属调查、登记和发证等工作。对已经建成的新民居全部进行确权登记发证；对需要复垦的拆旧区只确权登记，不发证；对需要建设新民居的拆旧区，只确权登记，待新民居建成后再发证。对农户统一建设的多层楼房，土地使用证采用分割登记的方式，分户发放集体建设用地使用证。

七、明确农村集体和农民的主体地位，切实保护农民利益

首先，增减挂钩中，农村集体和农民是利益主体，政府主要是受托组织协调推动工作，不能喧宾夺主、代民做主。政府主要是解决好农民一家一户、一村一桩难以解决的城乡统筹发展问题。要充分尊重农民意愿，坚持农民自主决策，做到农民知情、农民自愿、农民参与、农民满意。其次，农村居民点用地是我国土地估价制度和土地有偿使用制度实施的薄弱地带，今后应按土地市场规律，采用科学的估价方法，建立包括基准地价，标定地价和出让底价在内的农村地价体系，全面推进农村土地有偿使用制度的建立，确保土地等价交换，让农村能够分享到土地金融化所产生的增值收益，使农村和城市在利益相容中实现同步发展。最后，加强增减挂钩土地收益的使用和管理。增减挂钩指标收益首先要平衡农民住房拆旧建新和土地整治的资金需求，其次用于提高农民生活水平，然后用于改善农业生产条件和支持农村地区二三产业发展。尽快建立项目资金审计监督制度，确保返还收益适用公平、公开、公正。

本章小结

本章首先介绍了河北省城乡建设用地增减挂钩工作实施基本情况，包括国发［2010］47号下发以前的情况和现阶段全省城乡建设用地增减挂钩情况，分析了河北省城乡建设用地增减挂钩工作取得的成效和经验，并依据实施主体和实施具体方法对河北省城乡建设用地增减挂钩进行了类型划分，进一步分析了当前城乡建设用地增减挂钩工作存在的具体问题，借鉴其他省经验，有针对性地提出了一定的对策和建议。

| 第七章 |

提高河北省建设用地集约利用
程度的应对措施

第一节　建设用地集约利用的总体思路

从总体来讲，建设用地集约利用可以从以下几方面来实行：

一、解放思想，转变观念

各地要充分认识土地管理的形势和不饱和供地政策导向的战略意义，更新思维，转变观念，将解决用地不足的出路从向上要指标转变到靠自身为主上来；将依靠外延增量转变到靠挖存量、挤流量上来；将靠要指标转变到靠节地、集约用地上来。要增强自身解决用地不足的责任意识，提高积极性和主动性。依赖向上要指标解决不了根本问题，只有靠自身的努力才有出路，彻底解决依赖省里用地指标，推脱责任的思想倾向。

二、科学规划，为合理、节约集约用地奠定基础

土地利用规划要充分考虑产业发展规划、各类园区规划、城镇体系规划、城市规划、村镇规划等各类规划，合理确定各类各业用地规模与布局，合理调整基本农田布局。城市规划要在科学安排总体规划布局的基础上，认真细致地做好详规，科学确定不同功能区建筑密度、容积率、建筑高度、地下空间利用、绿地广场比例等城市建设各项控制指标，为合理利用土地，促进节约集约用地奠定基础。

三、推行计划精细化管理，提高用地指标使用效率

（1）实施差别化用地计划供应，促进用地结构和产业结构优化升级。一是按照有保有压的原则，用地指标向省以上重点项目、重大产业项目、新兴产业项目、重大基础设施项目和民生项目倾斜，严格控制向"两高一资"、落后产能和产能过剩行业以及重复建设项目安排用地指标。二是按照"布局集中、产业集聚、用地集约"的原则，用地指标向省经济发展重点区，即工业聚集区、高新技术开发区、经济技术开发区重点项目倾斜，重点保障省政府确定的"一圈、一带、一区、一批"等区域用地。三是工业项目用地指标必须安排给进入各类园区的重点项目，凡未进园入区、不符合土地利用总体规划的项目，一律不安排用地指标。

（2）严格用地定额指标审核，推进节约用地。项目用地计划安排要严格执行建设项目限制供地目录和禁止供地目录，不符合产业政策的项目不安排用地指标；依据项目投资规模、生产能力和用地定额标准，严格用地规模审核，对投资强度低、用地规模超标的不予安排或少安排用地指标；对绿地比例、行政办公用地比例高的要核减用地规模；对在申请用地计划中打捆包装项目，虚报投资、虚报用地规模的不予安排用地指标。

（3）积极提前介入服务，确保用足用好有限用地指标。重点建设项目申报，县级国土部门要积极提前介入，做好服务，配合发展改革部门，认真做好项目选址、用地定额、地类的审核，确保申报的项目用地选址符合规划、用地规模符合定额标准，地类符合实际，为用地计划安排提供依据，确保安排的项目计划指标能充分使用，及时组卷报批。

（4）加强用地计划跟踪管理，加大用地指标调剂使用力度，提高用地指标使用效率。对已安排的项目用地计划指标要实施跟踪监测，推行项目竣工验收考核，加强监督管理。对未能按时组卷报批用地，或用地指标有富余的要及时收回，调剂给更急需的项目使用；对投资强度不达标、用地规模超标、擅自改变用地项目挪作他用、未按土地使用合同使用土地的，除按合同约定处罚外，要相应扣减项目所在市县下一批或下一年度计划指标。通过跟踪监督管理，促进用地指标及时有效使用。

（5）适时改进用地计划分配办法，适当加大下达各市用地计划比例，必

要时除省留少部分重大项目指标和省级立项单独选址项目用地指标外，其余城镇批次用地指标可全部下达各市统筹安排使用，以提高各市县自主解决用地供给不足的积极性、主动性和责任心，减少过度依赖向省里要指标，推脱责任的思想倾向。

四、创新思维，开拓解决用地供给不足的新途径

以城乡建设用地增减挂钩为平台，以规范推进新民居建设为突破口，以推进城乡用地统筹为目标，大力开展农村土地综合整治。一方面通过城乡建设用地置换，解决土地供给不足的矛盾；另一方面通过农村土地综合整治，不断提高土地集约利用水平、利用效率和效益；同时通过城乡土地级差收益反哺农村，促进新农村建设，实现农村面貌不断改善，为解决"三农"问题提供新出路。

五、加强建设用地监督管理

一是严格建设项目用地预审，充分利用未利用地，确保项目用地符合国家产业政策，符合用地定额指标，促进节约用地。二是严格用地审批管理，认真合规性审查，研究推行批次用地带项目审批，对建设项目不成熟的不予批准用地，减少批而不供，供而不用比例。三是加强批后监管，对批而不供，供而不用，并超过规定时间的坚决予以收回，重新安排使用，防止土地闲置浪费。四是研究探索项目建成验收合格后再颁发土地使用证，防止和打击多征少用、长期闲置不建或囤积倒买、扰乱土地市场的行为。五是本着实事求是原则，以改革创新的精神，研究探索解决历史遗留违法用地问题，在第二次土地调查新增建设用地经国家确认后，对符合新一轮规划的用地，在按规定处罚到位的基础上，适当加重处罚后可不占年度计划指标补办用地审批手续，加重处罚的额度以完成同等数量质量的耕地复垦所需费用为原则（相当于购买置换指标费用）。六是加强执法监察，严厉打击各种违法违规用地行为，确保土地科学合理高效使用。

第二节 城市土地集约利用措施

一、加强规划的科学性和权威性，严格控制城乡建设用地规模

科学地编制土地利用总体规划，重点做好基本农田保护区规划和城市发展控制区规划，并明确其界线，严格控制城市建设用地的供应总量，遏制城市规模的盲目膨胀与占用耕地的势头。同时，又要给城市留有余地，满足其发展的需要。坚持把当前与长远结合起来，既注重规划的超前性，为城市发展留下合理的空间，又注重土地资源的保护。在土地利用总体规划的控制下，通过城市总体规划的合理编制，科学确定城市用地控制规模，制定合理的用地标准。然而在执行过程中，土地利用总体规划的社会地位和法律地位明显低于城市规划，难以对城市用地规模的不合理扩大进行有效的制约。所以，应针对当前土地利用总体规划中存在的问题，采取包括加强立法等在内的一系列措施和方法，努力增强土地利用总体规划的权威性、科学性和时效性。城市规划必须与土地利用总体规划相协调，贯彻"十分珍惜和合理利用每一寸土地，切实保护耕地"的基本国策，坚持"一要吃饭，二要建设"的基本方针，实施可持续发展战略。

同时，改进农村规划的编制办法，充分结合国情和农村实际，尊重农民的意愿，完善公众参与制度，增强规划的科学性。建立和完善村镇规划与土地利用规划的协调机制，在编制规划时相互参与，互为依据，相互衔接，从源头上保障好规划的一致性。强化各级领导干部及社会各界的规划意识，增强社会各界对规划的关注和支持力度，确保规划建设的顺利实施。地方各级人民政府要依据土地利用总体规划和乡（镇）、村规划，对农村集体建设用地实行总量控制。严禁以各种名义，擅自扩大农村集体建设用地规模。严格控制农民集体所有建设用地使用权流转范围。

二、根据城市发展要求，合理制定城市发展战略

城市土地最佳利用度与城市的发展阶段密切相关。不同历史阶段，城市

土地利用最佳集约度的内涵上的意义是不同的，充分研究城市所处的发展水平和阶段是研究城市土地集约利用的前提和基础。在制定城市发展战略时，必须根据我国国情及城市自身经济发展的历史阶段，讲求实际，注重实效，逐步推进，充分考虑财力、物力的可能，分清轻重缓急，重视城市发展的内涵，恰当制定项目建设标准，统筹安排各类建设项目，提高城市生态环境质量，科学确定建设规模和发展速度，合理确定城市的发展战略，走内涵式发展道路，推动城市可持续发展。

三、加大城区土地结构优化力度

城市土地的优化配置要求土地资源在产业中的合理分配，并使土地的利用效率达到最佳。这就要求土地利用结构最合理，土地的边际产出率取决于土地的利用方式。城区土地结构的不合理是阻碍土地集约利用的隐性原因，容易被忽视，应树立土地长效集约利用观，从追求单一地块的利用效益最大化转变为追求城市土地整体结构功能的最优化。所以必须在河北省区域经济和产业结构布局的背景下编制土地利用规划，使土地利用规划与经济发展和产业布局相适应，根据各自不同的特点进行产业结构布局，扭转产业结构"大而全、小而全"的局面，发挥不同地区的特点，达到区域间的互补，以城市为龙头带动周边乡镇的发展，形成城市化系统的发展模式，彻底改变过去那种以行政区划为单元的产业布置格局，在产业上形成产业链和互补区。

四、积极推进土地整理，充分利用城市存量土地

对城市建成区内的低层、低密度旧房屋地段进行重点改造，完善配套设施，改善居民居住环境，提高建筑容积率和居住人口密度，充分发挥存量土地资产效益。今后土地整理必须按照国际通行做法，以提高城镇土地利用率，改善城镇生态环境为目的，体现城市土地整理的社会、经济、生态综合效益。同时，城镇土地整理应充分调动政府、普通业主等社会各个层面的积极性，在拆迁补偿的形式上要体现多样性，允许普通业主在整理后换取同等价值的房地产。

五、充分利用市场机制促进土地合理配置

土地不但具有使用价值还具有资产价值，因此可通过价格的高低来控制土地的使用量。土地收益是各级政府财政收入的主要来源。在国家财政收入中占有重要的地位，要发挥市场在土地资源配置中的作用，就必须建立有序的土地市场和合理的土地价格体系，在同一个区域的不同城市间和同一城市的不同地域间确定不同的价格标准，全面开展城市土地价格评估工作，向社会公开每一宗土地的价格，将土地的数量管理与价值管理结合起来。坚持土地有偿使用的原则，适当调高土地的使用税率，对新征农业用地提高征收标准，特别是对耕地，提高土地使用"门槛"，有利于产业结构的合理布局，提高城市土地利用效率，实现集约利用土地，对耕地的保护起着积极的作用。同时，充分发挥土地管理部门的职能作用，加强土地市场的监管力度，杜绝浪费土地资源。

六、合理提高建筑容积率以及发展城市地下空间

城市土地集约利用可以通过提高容积率，在有限的用地面积上增加更多的城市活动空间，以提高土地的相对供给能力。同时，充分利用地下空间也是城市土地集约利用的主要组成部分。城市地下空间的利用范围相当广泛，包括人员活动、物品储存、交通运输、供给处理等。其主要开发和利用形式有：地下室、地下步行街、地下铁路、地下停车场、多功能的铁道站前地下广场及复合型的地下市政设施等。通过广泛合理地利用地下空间，既可以节约城市用地，又可以扩大公共绿地，还可以使交通顺畅，提高城市环境质量。城市地下空间是一个十分巨大而丰富的空间资源，如果得到合理开发，其节省土地资源的效果是十分明显的。一个城市可开发利用的地下空间资源量一般是城市的总面积乘以开发深度的40%。因此，在土地集约利用中，开发利用地下空间是提高土地利用效率与节省耕地、改善城市环境的有效途径。

七、建立健全城镇建设用地集约利用的激励机制

一是集约用地与建设用地政策倾斜相挂钩。建立集约用地评价考核制度，对节地城市、节地开发区、节地企业实行挂牌表彰制度。对土地利用集约化程度高的地区、城市、企业，在以后的建设用地上可以优先提供，并在安排土地开发复垦整理、建设用地指标周转、折抵上予以重点支持：对存在较多闲置、空闲、批而未供及低效利用土地而缺乏挖潜改造措施的地区、企业，要严格限制其新增建设用地的扩张，必要时要扣减其建设用地指标。同时要完善相关经济政策，通过调整土地收益分配关系、严格土地收益管理，充分调动各地、各行业节约集约用地的积极性。二是集约用地与建设用地指标"置换"、"折抵"相挂钩。对集约用地推进力度大的地区，选择条件比较成熟的城镇先期开展建设用地指标"置换"、"折抵"试点。在"折抵"方面，鼓励企业参与农村建设用地整理，实行谁投资、谁受益。如果企业在搞好中低产田的改造，增加有效耕地面积方面经过有关部门核查，可按比例折抵成建设用地指标。三是集约用地与国家、省级土地开发整理复垦项目的安排相挂钩。对耕地后备资源丰富、为耕地保有目标贡献大、集约用地综合水平评价比较好的地区、城镇，在国家、省级土地开发整理复垦项目的安排上优先安排和申报。

八、制定并严格实施各业建设项目用地控制指标

制定并严格实施各业建设项目用地定额指标，促进各类建设项目高效、集约、合理利用土地。根据河北省的实际情况，对商业用地和住宅用地提出一些建议指标。各工业开发项目严格落实贯彻国土部制定的《工业项目建设用地控制指标》，对满足投资指标、容积率、建筑系数和行政办公及生活服务设施用地所占比重、工程项目、基础设施及民用建筑等各项指标的工业开发项目进行有选择性的供地，并写入落户协议，切实增强企业集约用地意识，提高工业项目建设用地的管理水平，促进建设用地集约利用和优化配置。根据建立的各建设用地指标体系对建设用地实施评价指标和监督，制止和纠正土地低效利用和闲置浪费行为，鼓励和引导工业向开发区集中、人口

向城镇集中、住宅向社区集中，提高土地利用率。

第三节　开发区土地集约利用对策

一、科学制定和实施土地利用规划，确保开发区土地高效利用

科学的土地利用规划是实现土地高效利用的重要前提，必须先规划后建设，土地利用总体规划一经批准，必须严格执行，不得因项目随意调整改变土地规划。调整优化开发区建设用地结构，从总体上调控用地布局，投资方向和投资密度等，确保开发区土地的高效利用。

二、积极调控土地供应结构，控制土地供应总量

控制土地供应总量，在存量土地未充分利用之前，不得新征用地。在引进项目时，加强对用地项目的审批，认真落实国家产业政策，对限制类产业严格控制项目供地；对国家鼓励和允许建设的重点急需项目及符合国家产业政策且投入产出率高的科技型、节能型、生态环保型及来料加工外向型项目，优先供地。在用地供给上应首先保证国家重点建设项目用地以及交通、能源等基础设施用地的需求。

三、着力盘活存量建设用地，建立完善的土地收购储备机制

盘活土地就是盘活经济，对闲置土地情况进行调查摸底，依法处置，挖掘存量建设用地潜力。建立和完善土地储备制度，对于擅自改变土地用途、减少投资强度、建筑容积率低的项目用地，以及超过建设时限未动工的项目用地，开发区应该坚决予以收回，并进行二次出让；对于要求转让土地使用权的地块，必要是开发区可进场收购，用于下一轮开发用地。这种土地储备制度可为开发区集约利用土地、提高土地利用率提供积极帮助。

四、"三看一调整"促"集约"

始终把"三看一调整"作为衡量开发区土地高效利用的标准，作为集约用地的调节杠杆，把用地数量与投资密度、科技含量、土地产出率等因素密切联系起来。

一看企业投资密度。单位土地面积内吸收资金的多少，决定企业发展的后劲，影响着土地的产出率和国家的财政税收。二看土地产出率。就是看单位土地面积实现的利税多少，产出越多利用率越高，集约程度也越高。三看科技含量。高科技是高产出的重要保证。以技术含量的高低来把握土地集约利用的程度，这在很大程度上保证了土地的集约利用。

一调整就是用地价杠杆调整用地数量。在招商过程中，对占地多、劳动力密集、技术落后的企业和占地少、科技含量高、技术先进的企业，采用价格调整的方式，鼓励技术含量高的企业进驻新区。

五、招商选资促"集约"

在招商过程中优先鼓励已引进的企业增资扩产，拓展已引进项目内涵增长，实现零地招商；在引进项目时坚持"五要两不要"，即要优先引进三产项目，要优先引进高新技术和层次较高的产业项目，要引进传统产业中科技含量高的产业项目，要引进附加值高、效益好、利税多的产业项目，要引进技术改造或两头延伸拉长产业链的项目；造成环境污染的项目不要，工艺技术落后和被淘汰的项目不要。

六、严格遵照河北省用地标准和国家产业政策

（1）河北出台节约集约用地标准，在各类开发区（园区），新上工业项目用地的固定资产投资强度，国家级开发区不得低于3750万元/公顷，省级开发区（园区）不得低于3000万元/公顷。

（2）在符合规划、不改变用途的前提下，企业在现有厂区内翻建、扩建厂房免收城市基础设施配套费，提高土地利用率和增加容积率的不再增收土

地价款。

（3）各地必须遵照执行国家产业政策，对限制类项目要控制区域内供地数量，对禁止类项目一律停止供地。今后，凡投资少、规模小的建设项目原则上不再单独供地，利用多层标准厂房解决生产经营场所。对规划预留用地，必须根据实际到资情况和生产建设进度，分期分批确定供地数量。

七、建立开发区土地集约利用"四模式"

（1）挖潜模式：指在开发区面积一定时充分挖掘可用空间，分为平面挖潜和空间挖潜。平面挖潜是通过提高土地利用率、合理确定建筑密度，增加土地平面可用空间。空间挖潜是通过提高建筑容积率，挖掘可用立体空间。建造标准厂房是充分挖掘可用空间的有效措施，提高容积率可以增加可用空间面积。

（2）门槛模式：指开发区对入驻项目设立准入门槛，包括产业门槛和投资门槛，产业门槛依据产业发展规划对项目进行第一次筛选判断，投资门槛对项目进行第二次筛选，以最终判断能否入驻以及是否单独供地。对投资额小的工业项目原则上不单独供地，只能租用厂房。对已有项目，不符合产业门槛的通过"腾笼换鸟"清理出园区。门槛控制模式的实施有利于避免产业雷同，形成各具特色的开发区产业分工和为区域产业联动创造条件。

（3）集中模式：指工业向开发区集中，工业向开发区集中能够避免分散式发展，节约土地，同时，促使开发区提高土地利用强度，通过实施产业门槛，为实施产业转移创造条件。

（4）创新模式：指开发区土地集约利用过程中管理制度的创新，包括招商制度的创新和考核制度的创新。招商制度创新是指将招商重点转为已有项目的增资扩股；考核制度创新是指改变仅以合同利用外资和到位外资数量的考核为综合考核，"无新增土地招商"作为招商制度的创新，带来了显著的正面效益，在土地投入不变的前提下，投入更多的生产要素，增加经济产出。

第四节　农村居民点集约用地措施

农村居民点集约用地的方向应该是集中建设，主要从外部和内部两方面予以把握。外部：一方面，适度增加村庄的集聚规模，充分体现有利农业生产、方便农民生活的集约用地原则；另一方面，村庄的选址要因地制宜、合理布局，有利于保护历史文化和乡村景观，有利于改善生产生活条件。内部：引导农民合理建设住宅，保护有特色的农村建筑风貌的同时大力倡导建设低层联排式住宅和多层公寓式住宅，有效控制村庄人均农村居民点用地，充分考虑环境与绿化。

具体来说，要做好以下几方面：

一、增强规划的科学性和实施力度，严格控制农村集体建设用地规模

改进农村规划的编制办法，充分结合国情和农村实际，尊重农民的意愿，完善公众参与制度，增强规划的科学性。建立和完善村镇规划与土地利用规划的协调机制，在编制规划时相互参与，互为依据，相互衔接，从源头上保障好规划的一致性。强化各级领导干部及社会各界的规划意识，增强社会各界对规划的关注和支持力度，确保规划建设的顺利实施。地方各级人民政府要依据土地利用总体规划和乡（镇）、村规划，对农村集体建设用地实行总量控制。严禁以各种名义，擅自扩大农村集体建设用地规模。严格控制农民集体所有建设用地使用权流转范围。

二、将农村地域发展作为政府工作重点，进一步发展农村经济

纵观中外农村发展建设，其大多有着相似的背景，如城市化的发展使农村与城市差距拉大，农村变得不适合居住生活，同时可持续发展上又矛盾纷呈等。而即使有不同的国情、省情，问题的解决都必须建立在政府对农村问题的正视与重视上，将农村地区发展作为政府的工作重点，建设城乡一体的

公共设施与基础设施体系，改善居民的居住环境；在财政与政策上予以扶持，通过资金补贴和出台相应的优惠政策，减轻农民的资金负担，提高居民的收入水平。

进一步发展农村经济。研究表明，经济发展对提高农户集约利用农村居民点用地的积极性具有明显的促进作用，农村区域经济的发展，能使农户更加渴望通过统一规划来加强生活基础设施建设，进而改善生活环境。目前，中国总体上已进入了"以工促农、以城带乡"的发展阶段，进入了着力破除城乡二元结构、形成城乡经济社会发展一体化新格局的重要时期。国家应该进一步加大对"三农"的扶持力度，着重培育农村社会经济发展的自身动力机制，使农村经济得到不断发展。

三、大力发展农村教育事业

随着受教育水平的提高，人们对事物的认识更加全面，本次河北省农村居民点集约利用意愿调研也证明了受教育程度能够显著提升农户集约利用居民点用地的意愿。因此，必须大力发展农村教育事业，通过增加财政投入来改善农村教育资源，完善教学设施；同时，农村教育不能只满足于国家的九年制义务教育，还应积极鼓励开展更高层次的教育。

四、严格执行"一户一宅"制度

实地调查发现，农村"一户多宅"的现象很普遍，50%以上的农户有两处以上住宅，最多的甚至达 5 处之多。而这些"一户多宅"的农户，大多数不愿意通过统一规划来实现农村居民点用地的集约利用，这一点在调研中"已有人均宅基地面积与农户集约用地意愿呈负相关"的分析中得到了进一步的证实。因此，必须加强农村宅基地管理，实现真正意义上的"一户一宅"。

五、积极推进农村居民点土地整治

土地整治是集约利用土地的重要途径和手段。根据土地利用总体规划和村镇规划，结合新农村建设，科学制订和实施村庄改造、散村散户归并计划，积极推进农村居民点土地整治。通过村庄改造，消除"空心村"，提高居民点土地利用率。通过散村散户归并，优化居民点用地空间布局，提高土地集约利用水平。按照"规划先行、政策引导、村民自愿、多元投入"的原则，按规划、有计划、循序渐进、积极稳妥地推进农村居民点土地整治。

六、建立节约集约用地的激励机制，完善农村宅基地管理制度

目前实施的节约机制是通过行政或法律强力使土地利用保持在执法者规定的水平上，偏于强制性。其前提是对浪费土地的可测性，且有实施惩罚措施的主体和客体，执法者必须随时掌握所有用地主体的完全动态信息。强制性的土地节约集约利用机制与用地者的欲望相排斥，由于缺乏土地的永久性产权的交易机制，节约集约利用土地难以给用地者带来收益，浪费土地也不会增加成本，且强制性造成执法成本高、效果偏离效率标准等弊病，无法成为规范我国土地利用的长效机制。对于农户的用地需求，应当建立节约集约用地的激励机制，从而实现用地者的自我集约和外部条件的必须集约。首先，鼓励分散居住的农户进入中心村、城镇建房。在政策上对由于历史原因形成的原宅基地面积超标的，如农户自愿搬迁到中心村、城镇的，可按一定比例给相应的宅基地面积或资金；对农户搬出后遗留的原房进行一定补偿，其补偿标准可按其建造成本结合新建成的成本评估。其次，明确农村宅基地产权主体，推行有偿使用制度。通过对比有偿使用宅基地与无偿使用宅基地的结果发现，实行有偿使用宅基地的村庄其户均宅基地面积相对较小，土地利用率较高。农村宅基地的有偿使用应遵循"取之于户、收费适度；用之于村、使用得当"的原则，各地依据自身的经济发展状况制定收费标准，要体现多用地多收费，少用地少收费的原则。对每户占地指标，按人均占用农村居民点用地的多少，确定一定的面积基数，对超过基数面积的用地，实行分级加倍收取有偿占用费。最后，建立农村宅基地的流转市场，以激励宅基地集约利用。经过对部分乡镇的调查统计后发现，由于宅基地流转限制制度的存在，一定程度上影响了闲置房屋的流转，影响了土地利用效率。因此，要出台农村集体建设用地流转办法，培育土地使用权市场，改革户籍管理制

度，打破城乡二元户籍制度，实现城乡间的融合，实现农村宅基地的流转。对手续齐备，建造合法的农村宅基地及其地上房屋颁发《集体土地使用证》、《房屋产权证》等证书，允许农村宅基地进入土地交易市场，和城市商品房、房改房一样，合法上市转让。

参 考 文 献

[1] 河北省国土资源厅. 河北省土地统计年鉴（2001~2009）

[2] 河北省国土资源利用规划院. 河北省土地利用总体规划（2005~2020）

[3] 河北省国土资源厅. 河北省土地资源. 北京：科学出版社, 2000

[4] 河北省人民政府. 河北省国土资源十二五规划

[5] 河北省人民政府办公厅. 河北经济年鉴（2001~2009）

[6] 河北省人民政府办公厅. 河北农村统计年鉴（2005~2009）

[7] 河北省人民政府. 河北年鉴（2001~2009）

[8] 河北省统计局. 河北经济数典（2000~2009）

[9] 中华人民共和国统计局. 中国统计年鉴（2000~2009）

[10] 中华人民共和国国土资源部. 中国国土资源统计年鉴（2005~2007）

[11] 河北省建设厅. 河北省城镇体系规划（2000~2020）

[12] 河北省建设厅. 河北省城市统计年报（2002~2009）

[13] 中华人民共和国国土资源部. 开发区土地集约利用评价规程（试行）. 2008

[14] 中华人民共和国国土资源部. 城市土地集约利用潜力评价技术规程（试行）, 2007

[15] 孙文盛. 谁给我们土地——集约用地一百例（新编）[M]. 中国大地出版社, 2005

[16] 查志强. 城市土地集约利用潜力评价指标体系的构建. 浙江统计, 2002（4）

[17] 刘文俭, 张传翔. 土地资源节约集约利用与城市经济的持续稳定发展 [J]. 现代城市研究, 2006（5）

[18] 毛蒋兴, 等. 20 世纪 90 年代以来我国城市土地集约利用研究述评 [J]. 地理与地理信息科学, 2005（2）

[19] 邵晓梅, 等. 土地集约利用的研究进展及展望 [J]. 地理科学进展, 2006（2）

[20] 王慎刚, 等. 中外土地集约利用理论与实践 [J]. 山东师范大学学报（自然科学版）, 2006（1）

［21］何芳，吴正训．国内外城市土地集约利用研究综述与分析［J］．国土经济，2002（3）

［22］渠丽萍，姚书振．城市土地集约利用的系统分析［J］．城市开发，2005（3）

［23］林坚，陈祁辉，晋璟瑶．土地应该怎么用——城市土地集约利用的内涵与指标评价［J］．中国土地，2004（11）

［24］龚义，吴小平．城市土地集约利用内涵界定与评价指标体系设计［J］．浙江国土资源，2002（1）

［25］王克亚．我国开发区土地集约利用的评价［J］．贵州农业科学，2011（39）

［26］顾湘．上海市开发区土地集约利用评价研究［J］．湖北农业科学，2012（7）

［27］李淑杰，宋丹，刘兆顺，窦森．开发区土地集约利用的区域效应分析——以吉林省中部开发区为例［J］．中国人口·资源与环境，2012（1）

［28］张丽萍，刘学录，马晓婧．基于协调度模型的甘肃省开发区土地集约利用评价研究［J］．浙江农业学报，2012，24（5）

［29］翟文侠，黄贤金，张强，钟太洋，马其芳．基于层次分析的城市开发区土地集约利用研究——以江苏省为例［J］．南京大学学报（自然科学），2006（1）

［30］班茂盛，方创琳，宋吉涛．国内外开发区土地集约利用的途径及其启示［J］．世界地理研究，2007（3）

［31］郭海洋，伍世代，曾月娥，郑行洋．福清市国家级开发区土地集约利用评价对比研究［J］．湖南农业科学，2012（21）

［32］翟文侠，黄贤金，张强，周峰，马其芳，钟太洋．城市开发区土地集约利用潜力研究——以江苏省典型开发区为例［J］．资源科学，2006（2）

［33］陈逸，黄贤金，陈志刚，吴晓洁，郭燕浩．城市化进程中的开发区土地集约利用研究——以苏州高新区为例［J］．中国土地科学，2008（6）

［34］曹蕾，钟菲，莫燕，章明．重庆市38个开发区土地集约利用比较研究［J］．国土资源科技管理，2013（3）

［35］何英彬，陈佑启．中国农村居民点研究进展［J］．中国农学通报，2010，（14）

［36］李君，李小建．综合区域环境影响下的农村居民点空间分布变化及影响因素分析［J］．资源科学，2009（7）

［37］张正峰，赵伟．农村居民点整理潜力内涵与评价指标体系［J］．经济地理，2007，27（1）

［38］吴远来，严金明，李莉莉．大都市郊区农村居民点用地整理的约束条件与激励机制研究——以北京市大兴区为例［J］．兰州学刊，2007，169（10）

［39］韩俊，秦中春，张云华．引导农民集中居住的探索与政策思考［J］．中国土

地，2007（3）：35 - 38

[40] 陈美球，何维佳，等．当前农户农村居民点用地集约利用意愿的实证分析 [J]．中国农村经济，2009（8）

[41] 马佳．农村居民点用地集约利用的动力与激励机制初探 [J]．广东土地科学，2007（5）

[42] 陈曦炜，宋伟．北京市海淀区农村居民点集约利用评价 [J]．资源科学，2009（10）

[43] 张强．农村居民点布局合理性辨析 [J]．中国农村经济，2007（3）

[44] 孔雪松，刘艳芳，等．基于农户意愿的农村居民点整理潜力测算与优化 [J]．农业工程学报，2010（8）

[45] 马佳．农村居民点用地集约利用潜力评价理论模型初探 [J]．国土资源科技管理，2007（6）

[46] 曹志宏，吴克宁，等．集约度与粗放度在判定土地发展模式中的应用 [J]．河南农业科学，2007（2）：63 - 66

[47] 张怡然，邱道持，等．基于效用函数的农村宅基地用地标准研究 [J]．资源科学，2011（1）

[48] 张如林．发达地区农村居民点空间重构研究 [J]．小城镇建设，2007（6）

[49] 孔祥斌，孙宪海，王瑾，王健．大都市城乡交错带新农村居民点建设与发展模式研究——以北京市海淀区为例 [J]．国土资源科技管理，2008，25（2）

[50] 刘仙桃，郑新奇，李道兵．基于 Voronoi 图的农村居民点空间分布特征及其影响因素研究——以北京市昌平区为例 [J]．生态与农村环境学报，2009，25（2）：30233，93

[51] 李占军，范之安，高明秀．挂钩政策下农村居民点整理模式与对策研究——以山东省泰安市为例 [J]．新农村建设研究，2007，32（1）

[52] 谷晓坤，陈百明，代兵．经济发达区农村居民点整理驱动力与模式——以浙江省嵊州市为例 [J]．自然资源学报，2007，22（5）

[53] 龙花楼．中国农村宅基地转型的理论与证实 [J]．地理学报，2006，61（10）

[54] 王焕，徐逸伦，魏宗财．农村居民点空间模式调整研究 [J]．热带地理，2008（1）

[55] 潘文灿．加强农村居民点用地集约化的建议 [J]．国土资源情报，2010（5）

[56] 姜广辉，张凤荣，孔祥斌．北京山区农村居民点整理用地转换方向模拟 [J]．农业工程学报，2009（2）

[57] 王廷，张雅杰，张云祥，等．基于节约集约利用对策的农村居民点用地分析——以广东连南瑶族自治县为例 [J]．资源开发与市场 2008，24（3）

[58] 王永生，沈晓春，潘莉蕴．居民点土地整理：新农村建设的重要途径——浙江省嘉善县农村居民点调查 [J]．广东土地科学，2008，7 (1)

[59] 宋伟，张凤荣，陈曦炜．农村居民点整理与新农村建设的互动关系探讨 [J]．广东土地科学，2007，6 (6)

[60] 刘勇，张建韬，牛振明，马燕玲．农户土地流转的调查与思考——以甘肃省新农村建设科技示范点为例 [J]．华中农业大学学报（社会科学版），2010，86 (2)

[61] 赵其卓，唐忠．农用土地流转现状与农户土地流转合约选择的实证研究 [J]．中国农村观察，2008 (3)：132

[62] 程和民，刘朝霞．浅谈新农村建设中的住宅浪费问题 [J]．九江职业技术学院学报，2010 (1)

[63] 牟昆仑，王秀珍，郑长春，官泉水，郑昌丰．县域农村居民点综合发展实力评价与优化布局研究 [J]．新疆农业大学学报，2009，32 (1)

[64] 杨丹，刘自敏．新农村建设背景下农地使用权流转研究——基于 CGSS 农户调查数据的分析 [J]．农机化研究，2010 (6)

[65] 暴秋菊．新农村建设视野下的农村住房产权改革 [J]．前沿论坛，2010，438 (5)

[66] 王凤双，刘春学．新农村建设中农村土地制度的得失与启迪 [J]．佳木斯大学社会科学学报，2010，28 (1)

[67] 马碧娟．新农村建设中宅基地流转的法律困境探析——以北京市宅基地流转为例 [J]．法制与社会，2010 (2)

[68] 李旺君，王雷．城乡建设用地增减挂钩的利弊分析 [J]．国土资源情报，2009 (4)

[69] 鲍家伟，陈霄．城乡建设用地增减挂钩的三个平衡 [J]．经济体制改革，2012 (2)

[70] 周小平，黄蕾，谷晓坤，孙滋英．城乡建设用地增减挂钩规划方法及实证 [J]．中国人口资源与环境，2010 (10)

[71] 龚敏芳．城乡建设用地增减挂钩利弊分析 [J]．农村经济与科技，2012 (1)

[72] 中华人民共和国国土资源部．城乡建设用地增减挂钩试点管理办法．国土资发 [2008] 138 号

[73] 易小燕，陈印军，肖碧林，李倩倩．城乡建设用地增减挂钩运行中出现的主要问题与建议 [J]．中国农业资源与区划，2011 (1)

[74] 王振波，方创琳，王婧．城乡建设用地增减挂钩政策观察与思考 [J]．中国人口·资源与环境，2012 (1)

[75] 赵伟霞，杨小爱．城乡建设用地增减挂钩政策研究 [J]．农村经济与科技，

2010（9）

[76] 杨园园，王冬艳，栗振岗，李茗薇，金永男. 城乡建设用地增减挂钩中土地权属调整的研究［J］. 中国农学通报，2011，27（32）

[77] 中华人民共和国国土资源部. 国土资源部关于严格规范城乡建设用地增减挂钩试点工作的通知，国土资发［2011］224 号

[78] 周金堂，黄国勤. 国外新农村建设的特点、经验及启示［J］. 现代农业科技，2007（17）

[79] 龙拥军，杨庆媛. 基于经济学视角的城乡建设用地增减挂钩困境分析［J］. 贵州农业科学，2011，39（10）

[80] 李德强，李涛，王步远. 临沂市城乡建设用地增减挂钩试点工作调查与思考［J］. 山东国土资源，2010（7）

[81] 任平，周介铭，杨存建. 农村土地资源集约利用及空间配置模式探讨——基于城乡建设用地增减挂钩视角［J］. 河南农业科学，2010（8）

[82] 张海鹏. 我国城乡建设用地增减挂钩的实践探索与理论阐释［J］. 经济学家，2011（11）

[83] 马宗国，田泽. 我国城乡建设用地增减挂钩试点的思考［J］. 理论探讨，2011（4）

[84] 程龙，董捷. 武汉城市圈城乡建设用地增减挂钩可行性分析［J］. 中国人口·资源与环境，2011（21）专刊

[85] 程龙，董捷. 武汉城市圈城乡建设用地增减挂钩潜力分析［J］. 农业现代化研究，2012（1）

[86] 刘园秋，吴克宁，赵华甫，汤怀志，许妍. 县域城乡建设用地增减挂钩研究——以河北省清河县为例［J］. 资源与产业，2011（4）

[87] 徐庆朗，张凤伟，李楠，任家强. 影响城乡建设用地增减挂钩实施效果的因素分析［J］. 国土资源情报，2011（9）

[88] 杨海钦. 中原城市群建设中实施城乡建设用地增减挂钩问题研究［J］. 河南师范大学学报（哲学社会科学版），2010（2）

[89] 唐莹，谭雪晶，张景奇. 我国城乡建设用地协调互动研究综述［J］. 西北农林科技大学学报（社会科学版），2011（5）

[90] 邱铃章. 天津市、成都市城乡建设用地增减挂钩模式的启示［J］. 发展研究，2010（10）

附录：

农村居民点用地集约利用意愿调查表

1. 被调查者的性别：_____

2. 被调查者的年龄：_____

3. 被调查者受教育程度：

    A. 小学及以下　　　　　　　B. 初中或高中　　　　　C. 大专及以上

4. 被调查者家庭人口数：

    A. 2 个及以下　　　　　　　B. 3 ~ 4 个　　　　　　　C. 4 个及以上

5. 被调查者家庭收入水平

    A. 1 万元以下　　　　　　　B. 1 万 ~ 2.5 万元

    C. 2.5 万 ~ 5 万元　　　　　D. 5 万元以上

6. 被调查者家庭农业收入

    A. 1 万元以下　　　　　　　B. 1 万 ~ 2.5 万元

    C. 2.5 万 ~ 5 万元　　　　　D. 5 万元以上

7. 被调查户经营类别

    A. 以农业为主　　　　　　　B. 兼业

8. 被调查者户成员是否有村干部

    A. 不是　　　　　　　　　　B. 是

9. 被调查户已有人均居民点用地_____平方米。

10. 被调查户预期居民点用地_____平方米。